Stadtführer für Notfälle

L&H Verlag

Stadtführer für Notfälle

Hamburg und

seine öffentlichen Toiletten

Anke Küpper und Katrin Duggen

L&H Verlag

Impressum

Baumwall 5, D-20459 Hamburg
Tel. 040–36 97 72 45, Fax 040–36 97 72 60,
ISDN 040–37 50 12 14
Internet www.lh-verlag.de
E-Mail kultur@lh-verlag.de

Idee und Konzept Anke Küpper, Katrin Duggen und Wolfgang Henkel, L&H Verlag
Texte Anke Küpper und Katrin Duggen

Redaktionelle Unterstützung Freie und Hansestadt Hamburg, Umweltbehörde
Redaktionelle Bearbeitung Inken Broocks M. A., L&H Verlag
Titelgestaltung L&H Verlag
Satz und Litho KCS GmbH, Buchholz/Hamburg
Fotos Anke Küpper und Katrin Duggen
Fotos Umschlag Veronika Keltsch, Hamburg
Druck Druckhaus Köthen, Köthen

2. Auflage 2001

Die Deutsche Bibliothek – CIP-Einheitsaufnahme
Küpper, Anke: Stadtführer
für Notfälle / Hamburg und seine öffentlichen
Toiletten / Anke Küpper und Katrin Duggen. –
2. Aufl. – Hamburg : L-und H-Verl., 2000
(Short guide)
ISBN 3-928119-58-3

WC

Inhalt

Restliche Stadtteile von A–Z

Vorwort

Übelste Gerüche, verstopfte Abflüsse, fehlendes Toilettenpapier, beschmierte Wände ... – mit einem Wort: Igittigitt!

Haben Sie ähnliche Assoziationen beim Stichwort „öffentliche Toiletten"?! Dann kann Ihnen mit diesem Buch geholfen werden.

Unter den rund 150 geöffneten öffentlichen Bedürfnisanstalten Hamburgs haben wir für Sie eine Auswahl getroffen, die Ihr Bild vom Klo gründlich revolutionieren wird.

Außerdem widmen wir uns in einer kleinen Enzy-Klopädie der Geschichte und Entwicklung des WCs – angefangen bei den Latrinae publicae im Alten Rom bis hin zu den hochmodernen JCDecaux-Automatiktoiletten unserer Tage. Letztere werden detailliert in ihrer Funktion erklärt, damit Sie sich ihnen künftig bedenkenlos nähern können.

Alle 70 Toiletten, die wir Ihnen vorstellen, haben wir natürlich auch besucht. Außerdem haben wir zur schnellen Orientierung Auszeichnungen von einer (= ganz passabel) bis zu sechs Klobürsten (= absolute Luxusklasse, besser als zu Hause) vergeben.

Nur knapp die Hälfte der hanseatischen Toiletten hat unseren harten Maßstäben genügt. Die besten Toiletten fanden wir im Raum Harburg, denn dort wird nicht mit Personal gegeizt.

Allererstes Auswahlkriterium war natürlich die Sauberkeit. Die hängt – abgesehen von den selbstreinigenden Automatiktoiletten – ganz klar davon ab, ob es eine Toilettenfrau bzw. einen Toilettenmann gibt. Und natürlich leisten diese häufig noch viel mehr als nur zu putzen. Von Kondomen über Tampons und Haarbürsten bis zu einem Dankeschön-Bonbon reicht der Service, den die großteils sehr netten, freundlichen Menschen für Sie bereithalten. Außerdem sind viele Toiletten richtig heimelig geschmückt. Deshalb sind die üblichen 50 Pfennig Benutzungsgebühr auch wirklich nie zu viel!

Ist eine Toilette behindertengerecht, wird das natürlich hervorgehoben. Außer den von uns vorgestellten Klos gibt es noch weitere Behindertentoiletten in Hamburg, die mit dem „Euro-Behinderten-WC-Schlüssel" zu öffnen sind. Den Schlüssel erhalten ausschließlich Behinderte gegen Ausweisvorlage beim CBF Darmstadt, Tel. 0 61 51-8 12 20.

Zu guter Letzt sei – neben der Umweltbehörde Hamburg und anderen Institutionen, die uns mit Basisinformationen versorgt haben – auch Roman Kipp und Rudolf Steiner gedankt, die sich selbstlos und ehrenamtlich um die Inspektion der einen oder anderen Herrentoilette gekümmert haben.

Unser ganz besonderer Dank geht an Jan Nuszkowski, dessen umfangreiche Studie „Pissorte und Pinkelwinkel" uns Quelle und Inspiration zu unserem Kapitel über Hamburgs öffentliche Bedürfnisanstalten im Wandel der Zeiten war.

Wir wünschen Ihnen viel Spaß und natürlich auch Erleichterung beim Entdecken von Hamburgs klonarischer Seite.

Anke Küpper und Katrin Duggen

Hamburg, 2000

Kleine Enzy-Klopädie

Am Anfang war das WC

Bereits bei den alten Griechen war die Toilettenhygiene hoch entwickelt. Über 4.000 Jahre alt ist z. B. der Donnerbalken im minoischen Palast in Knossos auf Kreta. Unter der gut durchdachten, klonarischen Sitzgelegenheit floss frisches Wasser zur Beseitigung der Exkremente. Auch in Indien gab es im dritten Jahrtausend v. Chr. hauseigene Toiletten, die an ein Kanalistationssystem angeschlossen waren.

In der „ewigen Stadt" kann man noch heute das klassische Denkmal der Kanalisation besichtigen: die Cloaca Maxima. Sie war der schönsten Göttin geweiht: der Venus, von der es heißt, sie sei aus Schaum geboren. Venus, die Göttin der Liebe, war also auch Schutzpatronin der Abwasserleute! Schon dreitausend Jahre vor Christi hatten die Städte Mohenjo-Daro und Harappa im Indus-Tal (heutiges Ost-Pakistan) Wasserleitungen, Badeanlagen und ein ausgefeiltes Kanalisationssystem: Zeugnisse eines hohen hygienischen Komforts

Die Stadt mit der größten latrinologischen Tradition ist aber ganz klar Rom. Öffentliche Bedürfnisanstalten mit fließendem Wasser gab es im alten Rom schon sehr früh und zahlreich. Um 300 n. Chr. wurden 144 gezählt – ähnlich viele wie heute in Hamburg.

Anders als heute war in der damaligen Zeit der Besuch einer öffentlichen Toilette ein gesellschaftliches Ereignis von hohem kommunikativen Wert. Zumeist befanden sich die „latrinae publicae" des Römischen Reiches auf den Marktplätzen der Städte. Darin saß man im Kreis oder im Rechteck beisammen und plauderte ungezwungen miteinander.

Kaiser Vespasian ließ nicht nur das Kolosseum, sondern auch die dazugehörigen Massenaborte errichten. Auch hier versprachen jeweils 25 kreisförmig angeordnete Sitze gesellige Erleichterung mit Blickkontakt.

Da das Toilettenpapier in Europa erst gegen Ende des 19. Jahrhunderts – und da auch nur als ausgesprochener Luxusartikel – eingeführt wurde, stand damals in jedem römischen Klo ein mit Salzwasser gefüller Eimer mit Stock und Schwamm zur Reinigung bereit. Die Griechen wussten sich mit Steinen oder

Tonscherben zu behelfen. Auch die nasse Hand oder Knoblauchschnitten mussten manchmal zum geruchsneutralisierenden Abrieb herhalten.

Aber nicht nur der Umgang mit dem Toilettengang an sich war früher unverkrampfter. Auch die Weiterverwertung des Urins war im Gegensatz zu heute (mal abgesehen von Carmen-Thomas-Anhängern. Die Journalistin propagiert die Selbstmedikation mit eigenem Urin) ein tabuloses Unterfangen: Da im Altertum unsere heutige Seife noch unbekannt war, wurde gefaulter Urin zur Wäsche verwendet. Eine Tatsache, die sich der römische Kaiser Vespasian zu Nutze machte. Er errichtete ein Staatsmonopol auf Urin, das künftig an Gerbereien, Tuchwalker und Wäschereien verkauft wurde. Als sich sein Sohn Titus über den Gestank beschwerte, wies Vespasian ihn zurecht: „Pecunia non olet" – Geld stinkt nicht.

Besonders die Franzosen scheint der geschäfstüchtige Kaiser übrigens nachhaltig beindruckt zu haben. Noch heute werden die gusseisernen Stehpinkler-Anlagen in Frankreich Vespasiennes genannt.

So hoch entwickelt die Toilettenkultur schon einmal war, im Mittelalter musste sie herbe Rückschläge verkraften. Die Menschen verrichteten ihre Notdurft, wo immer sie danach gelüstete – im Gebüsch, auf der Straße, unter Brücken, in Droschken oder an Hauswänden.

In mittelalterlichen Burgen gab es Löcher oder Schächte im Boden, die zugeschissen wurden, bis sie voll waren. Teilweise hingen auch hölzerne Aborte wie Schwalbennester an der Burgmauer. Durch ein Loch plumpsten die Exkremente dann einfach in den Burggraben.

Berühmtestes Beispiel für den ignoranten Umgang mit Hygiene ist der Sonnenkönig Louis XIV. In seinem Schloss in Versailles gab es weder Abwasserleitungen noch Toilettenanlagen.

1589 wurde in England das Wasserklosett wieder erfunden. Sir John Harrington entwickelte ein Klappenklosett mit Wasserspülung. Queen Eizabeth war zunächst begeistert von dieser Neuerung und ließ sie sich in ihrem Schloss einbauen. Aber schon bald beleidigte der Gestank aus der Sickergrube ihr royalistisches Riechorgan, so dass die Benutzung des Klos sich nicht zu einer Selbstverständlichkeit entwickeln konnte.

Leonardo da Vinci erfand die „Musik" während des Vorganges

Dieser Geruchsbelästigung Abhilfe verschaffen konnte erst fast zweihundert Jahre später der Londoner Mathematiker und Uhrmacher Alexander Cumming. 1775 erfindet er das Wasserspülklosett mit Trichter. Bedeutsame Neuerung der Cumming'schen Tüftelei ist die heute noch gebräuchliche doppelte Krümmung des Abflussrohrs. Dadurch wird das Rohr ständig vom Spülwasser verschlossen gehalten und lästigen Gerüchen so Einhalt geboten.

Auch im 18. und 19. Jahrhundert beschwerten sich Zeitzeugen wie Schiller, Goethe, Heine über den Unrat auf den Straßen: sie stanken buchstäblich zum Himmel!

Ungeachtet dieser bahnbrechenden Erfindung erinnerten europäische Städte noch bis ins 19. Jahrhundert an riesige Kloaken. Zeitgenössische Schriften – ebenso wie Pest- und Choleraepedemien – zeugen davon.

Die Cholera-Epidemien 1832 und 1848 zwangen zu städtehygienischen Reformen

Privatleute gossen ihre Nachttöpfe zumeist aus dem Fenster. Die Pariser warnten immerhin durch ein dreimaliges „gardez l'eau" vor dem Exkrementenregen.

Aber trotz allem hatten Abfälle und die Scheiße ihr Gutes. Sie lag damals so hoch in den Straßen, dass sich die Pariserinnen nur noch auf Zehenspitzen fortbewegen konnten. Also wurde eine Schuhkonstruktion entwickelt, mit der sie künftig sauber zum Markt gelangen konnten – der Stöckelschuh war geboren!

Die Toiletten im öffentlichen Raum der Neuzeit waren häufig mobiler Natur. Im Edinburgh des 18. Jahrhunderts trugen Männer an einem Joch befestigte Eimer durch die Straßen und riefen: „Who want's me for a bawbee?" „Bawbee" war ein Halfpenny, für den man sich – unter einer weiten Pelerine versteckt – auf den Eimer setzen und seine Notdurft verrichten konnte.

Eugène Sue beschreibt in seinen „Geheimnissen von Paris" die Stadt von unten. Charles Dickens und Honorè de Balzac schrieben Romane über die „Bäuche" der Metropolen. Victor Hugo lässt in „Die Elenden" seine Helden durch das Kanalisationsnetz flüchten

In Wien boten Anfang des 19. Jahrhunderts die so genannten Buttenmänner und -frauen ihre Dienste an. An öffentlichen Plätzen wachten sie über einen Kasten mit einem Loch-Brett, „Butten" genannt. „Wer will, der mag einischeißen", wurden Passanten umworben, die bei Benutzung des Kackkastens vom weiten Mantel der Buttenmänner schützend umhüllt wurden.

Erst um die Mitte des 19. Jahrhunderts – mit der Errichtung öffentlicher Bedürfnisanstalten zunächst in Deutschland – verschwanden diese sich in der Öffentlichkeit abspielenden Entledigungen langsam aus dem Stadtbild.

Zunächst wurden nur Pissoirs für Männer aufgestellt, 1824 das Erste in der Nähe der Berliner Nicolaikirche. 1863 gab es in Berlin bereits 30 Stehanstalten, die in den von Ernst Litfaß erfunden Plakatsäulen Platz fanden. Die Pinkelstände waren erst sechseckig, später achteckig. Bis heute hält sich im Berliner Volksmund die Bezeichnung „Café Achteck".

Teilweise sind die „Café Achteck" wieder in das Berliner Stadtbild denkmalgeschützt integriert

In Paris wurden erste moderne gusseiserne Pissoirs nach 1870 installiert. Bis zum Beginn des 20. Jahrhunderts zählte man in der französischen Hauptstadt um die 4.000 Vespasiennes. In Wien gehören Pissoirs ab 1883 zur Stadtmöblierung.

Frauen kamen erst gegen Ende des 19. Jahrhunderts sehr vereinzelt zu ihrem Recht auf öffentliche Notdurft. Ein Unverhältnis existiert im Grunde noch bis in unsere Tage. Nicht nur, dass es vereinzelt noch Pissoirs ausschließlich für Männer gibt, ebenso ungerecht ist, dass Männer auch schon mal umsonst pinkeln dürfen, die Damen aber in jedem Fall zahlen müssen.

Heute kommt im Schnitt eine öffentliche Toilette in Hamburg auf 11.300 Einwohner. Meistens kann man dann noch davon ausgehen, dass diese Klos überwiegend sauber und einwandfrei zu benutzen sind.

Zum Vergleich: In Berlin teilen sich 20.000 Einwohner eine öffentliche Toilette

Aber es gibt zum Glück auch das Gegenteil: die Full-Service-Toilette. Hier kann man heutzutage nicht mehr nur Kondome und Tampons kaufen. Auch Haarspray, Bonbons und Leckereien vom angeschlossenen Imbiss oder Kiosk sind keine Seltenheit mehr. Und in Japan kann man sich sogar gleich beim Pinkeln seinen Cholesterinwert bestimmen lassen.

Hamburgs öffentliche Bedürfnisanstalten im Wandel der Zeiten

Die Hygienegeschichte Hamburgs und nicht zuletzt seiner öffentlichen Toiletten ist leider nicht viel besser als die der restlichen Welt.

Vom Mittelalter bis zum Ende des 18. Jahrhunderts wurden die Hansestädter und ihre Gäste vom Geruch der so genannten Hasenmoore belästigt. Es handelte sich um Sammelleitungen aus Holz oder Stein, die der Abwasserbeseitigung am Fleet dienten. Eines dieser Hasenmoore lag z. B. zwischen Jungfernstieg und den Bleichen. Zur Säuberung wurde auf Regen von oben vertraut, der die Seuchen fördernden Schlammmassen Richtung Fleete, Alster und Elbe beförderte.

Auch die Sammelgruben für Fäkalien, sog. Schlammtruhen oder Kummerkästen, waren keine zufriedenstellende Lösung

Eine andere Variante der Entleichterung fand im privaten Raum statt, wenngleich ebenfalls die gesamte Öffentlichkeit darunter zu leiden hatte. Ähnlich wie in mittelalterlichen Burgen hatten an Wasser angrenzende Häuser Ausbauten, auch Lauben genannt. Von hier aus plumpsten durch eine Öffnung Abfälle, Unrat und eben auch Fäkalien geradewegs ins darunter befindliche Gewässer. Dass in Hamburger Fleeten immer wieder gerne nach brauchbaren Gegenständen gefischt wurde, sei nur nebenbei bemerkt. Ebenso, dass Hamburger Brauereien aus ebendiesen Fleeten Wasser entnahmen, um daraus Bier zu brauen. Immerhin nahm sich die Stadt Altona dieses Problems an und verbot unter Strafe, in den Grenzbach Pepermölenbek zu pinkeln, wie beim Besuch der Toilette am Fischmarkt heute noch erleichternd nachzulesen ist.

Die Bevölkerung Hamburgs stieg von 95.000 (1811) auf 120.000 (1840)

Öffentliches Urinieren in Fleete, Alster und Elbe galt in der Hansestadt im Übrigen als unfein. Es wurde mit hohen Strafen belegt, wie auch das Entleeren der Nachttöpfe auf die Straße.

Die erste öffentliche Latrine Hamburgs, das „Haus der Notdurft", verschaffte endlich zumindest dem männlichen Teil der Bevölkerung ein wenig Erleichterung. Angelegt wurde es 1623 nach Inkrafttreten der ersten Hamburger Gassenordnung. Diese hatte die Befestigung und Pflasterung der Straßen zum obersten Ziel.

So genannten Dreckvoigten oblag es bereits im 16. Jahrhundert, dem „Gassenkummer" Einhalt zu gebieten und für annehmbare Zustände auf Hamburgs Straßen zu sorgen. Ein hehres Unterfangen, das trotz der Zwangsverpflichtung Strafgefangener wenig sichtbare Spuren hinterließ.

Die berühmte „Schott'sche Karre" hatte in dieser Zeit eine stark riechende Funktion

Gleichwohl zeigten alle Honorationen der Stadt zumindest den Willen, die Situation zu ändern und die Anzahl öffentlicher Abtritte, auch Privete genannt, zu erhöhen.

Dennoch konnte die Situation der öffentlichen wie auch der privaten Hygiene erst nach dem Großen Brand von 1842 einen entscheidenden Schritt vorangebracht werden. Der Hansestadt wurde die seinerzeit modernste Sielbauanlage der Welt beschert. Sie trägt die Handschrift des englischen Ingenieurs William Lindley, der mit der Kanalisation nach dem Mischprinzip ein System gefunden hat, in dem Abwässer unabhängig von Wasserständen jederzeit abgeleitet werden können.

Kompetenzgerangel und die Kostenfrage stellten sich dem Bedarf an öffentlichen Toiletten als Hindernisse in den Weg – das war in früheren Zeiten nicht anders als heute. 1850 gab es in Hamburg immerhin 26 öffentliche Privete, die teilweise in Pächterhände übergingen. Toiletten erster und zweiter Klasse gehörten zum latrinologischen Alltag. Dennoch wurde Sorge dafür getragen, immer eine gewisse Anzahl kostenfreier Abtritte für Bedürftige bereitzustellen.

Mobile Toiletten gab es nicht nur in England, sondern auch in Hamburg: Johann Christoph Sachse berichtete schon in seinen 1777 erschienenen Lebenserinnerungen „Der deutsche Gil Blas" von den hamburgischen Frauen und Männern mit dem Mantel. Mit dem Ruf: „Will gi wat maken?", forderten sie Passanten auf, unter den Mantel oder die Pelerine zu schlüpfen und ihr Geschäft in den dort versteckten Eimer zu verrichten. Im St. Pauli Kurier von 1955 erinnert sich auch Martin Plat noch in Berufung auf Aussagen einiger Hamburger an „Die Männer mit der Pelerine", wie in Jan Nuszkowskis kleiner Geschichte der öffentlichen Toiletten „Pissorte und Pinkelwinkel" nachzulesen ist.

Nach Londoner Vorbild wurde auch in Hamburg angestrebt, das Platzproblem öffentlicher Toiletten ins Unterirdische zu verlagern. 1906 gab es in der Bürgerschaft den Vorschlag, die Kasematten als Räumlichkeiten zu nutzen. Heute finden sich noch einige öffentlichen Toiletten in Hamburg treppabwärts bzw. unter der Erde – eine davon in den Kasematten am Fischmarkt.

„Wer an einem Fleth wohnt, darf es ungescheut zum Recipenten seiner thierischen Ausscheidungen machen, und das thut auch jeder. Außerdem werden noch von den Brücken in jeder Nacht eine Menge von Nachteimern ausgeleert, und dazu mit einer solchen Sorglosigkeit, daß ein großer Theil ihres ekelhaften Inhaltes auf der Brücke selbst liegenbleibt".
Aus einem Versuch der physischen und medizinischen Beschreibung Hamburgs, 1801

In der Zeit von 1842 bis 1944 hatte das Sielnetz eine Länge von 1.850 km. Zwischen 1948 und 1967 wurden über 1.700 km Siele neu verlegt

Toilettentechnisch waren bereits 1903 in allen Hamburger Pissoirs Ölsyphone, die der Geruchsminderung dienten, eingebaut. Heute sind sie als Ölbeschichtung nach Schweizer Patent bekannt und leider nicht (mehr) in allen Pissoirs vorhanden.

Recht fortgeschritten in der Ausstattung öffentlicher Toiletten war auch die Zeit der Weimarer Republik: Warenautomaten mit Klopapier, aber auch Kondomen gehörten zum guten Standard eines öffentlichen Klos. Obwohl nachweislich die Kondomautomaten während der Zeit des Faschismus in Deutschland kaum zerstört wurden, lag es auf der Hand, dass Görings „Parisererlass“ keine Warenbestückung für diese Art Automaten vorsah.

Durch die Zerstörung einer Vielzahl öffentlicher Toiletten nach dem Zweiten Weltkrieg machte man aus der Not eine Tugend. In Hamm, Hammerbroock und Rothenburgsort wurden ehemalige öffentliche Toiletten zu Wohnungen umgebaut. Allerdings existieren die umgebauten Wohnungen heute nicht mehr.

Die Toilettenfrauen und -männer aus Sachses Tagen gibt es auch schon lange nicht mehr. Und von der Ringelnatz'schen Abortfrau in der Mattentwiete ist nichts weiter überliefert, als dass sie Kuttel Daddeldus verprellte Braut gewesen ist. Die Zahl des heutigen Toilettenpersonals ist rapide gesunken, einhergehend mit der Sparpolitik des Senats in den achtziger Jahren. Obwohl der Beruf der Toilettenfrau, bzw. des Toilettenmannes, weniger einer Berufung als vielmehr einer Situation finanzieller Notwendigkeit entspringt, wäre ohne sie ein angemessener Zustand öffentlicher Aborte nicht zu gewährleisten. Toilettenpersonal ist Garant für Sauberkeit und Ordnung! Denn die Zeiten öffentlicher Hygiene mögen sich geändert haben, doch auch heutige Toilettengäste verlieren schnell jeden Benimm, wenn sie sich öffentlich Erleichterung schaffen müssen.

Ein unschönes Kapitel der Hamburger Toilettengeschichte ist jenes, in der die Polizei Toilettenpersonal ganz anderer Art spielte. Im Zuge der Schwulenverfolgung nach § 175 StGB wurden in öffentlichen Toiletten, wie z. B. in der Bernhard-Nocht-Straße/ Ecke Davidstraße, mittels Einwegspiegeln Homosexuelle bei strafbaren Handlungen beobachtet und sofort festgenommen. Trotz der Reformierung des § 175 StGB im Jahre 1970 dauerte die Homosexuellenverfolgung in öffentlichen Toiletten durch die Hamburger Polizei sporadisch noch bis in die achtziger Jahre an.

Architektonische Highlights wie die achteckige Rotunde sind in der Hansestadt nicht mehr zu finden. Dennoch können hin und wieder schmucke Häuschen auf einem Hamburger Toilettenrundgang entdeckt werden. In der Regel sind Toilettenhäuschen aber gemäß einer DIN-Norm zur Schlichtheit und Unauffälligkeit verdammt. Die Renaissance der Kiosk-WCs belebt das eine oder andere Häuschen in jedem Fall neu.

Aber halt: So gänzlich ist das architektonisch sehenswerte „Café Achteck" doch auch aus Hamburgs Straßenbild nicht verschwunden, wenngleich mit mehr Ecken und sozusagen zweckentfremdet. Ob es ein nostalgischer Pinkler war, der im Gedenken an vergangene Orte der Erleichterung die Hamburger Fahrradhäuschen entworfen hat, ist zwar bis heute nicht bewiesen. Allerdings lobte ein berühmter Theaterregisseur, der sich auf einer Autofahrt durch Hamburg über das ganz besondere Flair der Stadt äußerte, die tollen Pissoirs, die jetzt an jeder Ecke stehen. Wäre er ausgestiegen, hätte er sich wohl über die vielen Fahrräder gewundert, die dort abgestellt sind.

Der vollautomatische Toilettengang

Der letzte Schrei auf dem öffentlichen Toilettenmarkt Hamburgs ist die Ende des 20. Jahrhunderts eingeführte selbstreinigende Automatiktoilette – erfunden von dem Franzosen Jean Claude Decaux. Gegner beklagen zwar, dass in der frankophilen Einmannrotunde die einst so frohe Verrichtung gar seelenlos wird und zu emotionaler Vereinsamung führt.

Aber da die Automatiklos von der Firma JCDecaux der finanzschwachen Hansestadt kostenlos zur Verfügung gestellt werden, sind sie – Einsamkeit hin oder her – allemal eine begrüßenswerte Alternative gegenüber schlichtweg gar keinen Toiletten mehr.

Allerdings haben einige Menschen wohl noch einige Berührungsängste mit der Vollautomatik. Geht die Tür auf, wenn ich gerade meine Hose runtergelassen habe? Oder geht die Tür womöglich niemals wieder auf? Solche und ähnliche Fragen quälen den Pinkelwilligen.

Damit Sie künftig ein souveränes Bild beim Benutzen einer Automatiktoilette abgeben können, sei Ihnen hier deren Funktion erklärt.

Wenn die Anzeige neben der Toilettentür „frei" anzeigt, geht es zunächst ums Geld. 50 Pfennig müssen in einen Münzschlitz geworfen werden. Danach öffnet die Tür den Zugang zum Benutzerraum. Durch Sicherheitsdrucksensoren im Boden wird automatisch der Eintritt einer Person registriert. Dabei wird ein Mindestgewicht ab 4 kg erfasst – z. B. wenn ihr Dackel vorgeht – sowie ein Gewicht ab 25 kg. Zwischen 4 und 25 kg verriegelt sich die Tür allerdings nicht, um den Eintritt von Kindern ohne Begleitung Erwachsener zu vermeiden.

Bei 25 und mehr kg Bodenbelastung wird die Tür für den Zeitraum der Benutzung automatisch geschlossen und verriegelt, und die Anzeige wechselt von „frei" auf „besetzt".

Im belüfteten und im Winter beheizten Innenraum sind neben der natürlich unerlässlichen Toilettenschüssel noch Papierspender, Abfalleimer sowie eine

Vorrichtung zum Waschen und Trocknen der Hände untergebracht – alles auf 2.280 x 870 x 953 mm. Deshalb ist es zugegebenermaßen etwas beengt in der Normalversion der JCDecaux-Toilette. Nur die behindertengerechte Version bietet mehr Platz.

Egal, was Sie auf der Toilette getrieben haben, wieder raus kommen Sie in jedem Fall durch eigenhändige Betätigung des Türinnengriffs. Allerdings nur innerhalb eines Zeitraums von 20 Minuten, danach öffnet sich die Tür ein kleinen Spalt aus Sicherheitsgründen automatisch. Also nichts für stundenlange Sitzungen!

Nach jeder Benutzung erfolgt die Selbstreinigung der Toilette. Das WC-Becken ist klappbar – ein Decaux-Patent – und wird nach hinten in den Maschinenraum versenkt. Dort wird es von innen und außen mit Reinigungs- und Desinfektionsmittel sowie einem Hochdruck-Wasserstrahl abgespritzt und von einem Trockengebläse abgetrocknet. Auch der Fußboden und das Rückwandblech erhalten eine automatische Reinigung, Desinfektion und Trocknung.

Der gesamte Reinigungszyklus dauert 65 Sekunden. Dabei werden 14 l Wasser verbraucht. Die verwendeten Reinigungs- und Desinfektionsmittel sind laut Auskunft der Firma JCDecaux biologisch abbaubar.

Ach ja: Das Ganze passiert natürlich erst, wenn Sie die Toilette wieder verlassen haben. Das merkt diese durch ihre drei Sensoren: Der Bodensensor und ein Sensor in der Klobrille vermelden „kein Gewicht", der Türsensor bemerkt „geschlossen". Sollten Sie also mal auf der Toilette einschlafen, werden Sie nicht weggespült. Denn die zur Selbstreinigung notwendige Kippbewegung des WC-Beckens wird durch eine Widerstandskraft von maximal 2 kg automatisch außer Betrieb gesetzt.

So automatisch alles ist, erfolgt die Reinigung aber noch nicht nach dem märchenhaften Tischleindeckdichprinzip. Zwar ist es ein Computer, der anzeigt, wann Reinigungs- und Desinfektionsmittel leer sind. Aber nachgefüllt wird alles noch durch eine Wartungstür in der Rückwand der Toilettensäule – von einem Menschen.

Sir William Lindley, Planer der Hamburger Wasserversorgung, Denkmal am Baumwall

1842, nach der großen Brandkatastrophe in Hamburg, als der zerstörte Stadtkern neu aufgebaut werden musste, wurde der Engländer William Lindley zum entscheidenden Wegbereiter der modernen Stadtentwässerung. Er nutzte Erfahrungen insbesondere aus London. In den Sielen sollten alle festen und flüssigen Abgänge aus den Wohnungen und Betrieben abgeschwemmt und zusammen mit dem Regenwasser in natürlichem Gefälle stadtabwärts der wasserreichen Elbe zufließen. Auch Notauslässe (Mischwasserüberläufe) wurden eingebaut. Nach diesem System funktioniert die Entwässerung der Innenstadt im Prinzip noch heute.

1

Hauptbahnhof/ Servicepoint Nord

Wen vom Hachmannplatz kommend Richtung Wandelhalle ein dringendes Bedürfnis befällt, der hat es nicht mehr weit: Auf der linken Seite geht es für die Herren die Stufen runter, auf der rechten Seite liegt die Behindertentoilette (Schlüssel am Servicepoint, gleich um die Ecke). Die Treppe rechts führt runter zur Damentoilette.

Der Toilettenbereich ist erst beim Einwurf von 50 Pfennig und etwas Geduld zu betreten. Erst wenn das grüne Lämpchen leuchtet, ist das Drehkreuz zu bewegen. Hier ist alles im unterkühlten, aber stets sauberen Metalldesign gehalten: Ob Toilettenschüssel, Tür oder Waschbecken – es hat den Anschein, als fehle nur noch die automatische Reinigung à la Decaux. Aber nein, hier wird noch per Hand geputzt, denn die mit „Sicherheit, Service und Sauberkeit“ werbende Bahn AG hat hier ihre Finger im Spiel.

Wandelhalle/Ausgang Hachmannplatz
Hamburg-City
Täglich von 7–21.30 Uhr
Frauen: 50 Pfennig
Männer: 50 Pfennig
Behindertentoilette

Erst bei Grün gehen!

2

Pissoirs am Hauptbahnhof

Südsteg/Ecke Steintordamm und Nordsteg/Ecke Hachmannnplatz
Hamburg-City
24 Stunden täglich geöffnet
Benutzung der Pissoirs kostenlos

Nicht das Brüsseler Original, aber immerhin ein gemaltes Manneken Pis weist dem Mann den Weg zur so genannten Citybox, einem kreisrundem, von außen nicht einsehbaren Pissoir. Es ist für jeden Mann eine kostenlose Alternative zu den kostenpflichtigen Toiletten im Hauptbahnhof bzw. ein ästhetisches und hygienischeres Muss zum wahllosen Anpinkeln des Bahnhofsgebäudes.

Eines der zwei unkostümierten Männeken Pis in Hamburg

3

Hauptbahnhof Südsteg (Ausgang Steindamm)

Südsteg/Ausgang Steindamm
Hamburg-City
Täglich 6–22 Uhr
Frauen: 50 Pfennig
Männer: 50 Pfennig
Behindertentoilette

Den einen oder anderen überkommt nur bei dem Gedanken an Bahnhofstoiletten ein großes Schaudern. Dabei ist in puncto Sauberkeit am Hamburger Hauptbahnhof nichts wirklich Unangenehmes zu befürchten. Hinterm zahlungspflichtigen Drehkreuz warten jeweils vier Toilettenschüsseln aus Metall. Keramik gibt hier nur noch als Fliesen an der Wand. Bruchsicher und vielleicht auch besser zu pflegen sind die Metallschüsseln und Waschbecken aus gleichem Material. Eine Servicekraft wuselt hin und her und sorgt für Sicherheit und Sauberkeit.

Nicht ganz so gut gefallen haben uns die Toiletten schräg gegenüber am Nordsteg. Etwas versteckt neben den Schließfächern in der Wandelhalle warten auch hier Drehkreuze und Nirosta-Stahlschüsseln auf ihre Gäste. Reisende, die vom Bahnsteig mit dem Aufzug nach oben gekommen sind, können auch hier, allerdings etwas geruchsintensiver als am Südsteg, Erleichterung finden.

4

Hauptbahnhof Südsteg (Mönckebergtunnel)

Mönckebergtunnel
Hamburg-City
Mo.–Fr. 9.30–20 Uhr
Sa. 9.30–16.30 Uhr
Frauen: 50 Pfennig
Männer: 50 Pfennig
Behindertentoilette

Wie in allen Toilettenanlagen, die von der bahneigenen Drei-S-Zentrale (Sicherheit, Service, Sauberkeit) betreut werden, steht auch hier ein Münzwechselautomat. Mit Bezirksgeldern wurde Toilette fit gemacht!

Faule Ausreden, wie gerade kein passendes Kleingeld dabeizuhaben, finden folglich keinen Widerhall. Sie würden sowieso an dem Drehkreuz bei den Herren und den Türautomaten bei den Damen scheitern. Da ist dann auch nichts bei dem Toilettenmann oder der Toilettenfrau auszurichten: Denn die sind ausschließlich für die Sauberkeit und teils auch für die Sicherheit der Toilettenanlage zuständig.

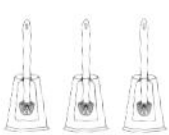

Und sauber sind die Toiletten, zwar nicht heimelig, aber sauber! Die Toilettenschüsseln aus Edelstahl haben hier einen Plastikaufsatz. Der Müll wird in einem in die Wand eingelassenen Müllschlucker entsorgt. Kleiderhaken und Kondomautomat in Damen- und Herrenklo entsprechen einer durchdachten Funktionalität. Alles ist eingetaucht in blaues Neonlicht.

Es gibt keine Schmuddelklos am Hauptbahnhof

5

Gerhart-Hauptmann-Platz

Seit November letzten Jahres erstrahlen die öffentlichen Toiletten am Gerhart-Hauptmann-Platz wieder in neuem Glanz. Hamburgs zentralste Toiletten hatten eine gründliche Renovierung auch nötig. Frau Henzin und ihre Tochter Patrizia, die seit einigen Jahren schon als Toilettenfrauen für die Stadt tätig sind, konnten lange Zeit ein Lied davon singen. Umso mehr Freude macht es jetzt, hier für Sauberkeit und Ordnung zu sorgen. Denn traurig, aber wahr: Die Weisheit wohl nicht nur der Hamburger Toiletten-

Gerhart-Hauptmann Platz/Ecke Mönckebergstraße
Hamburg-City
Mo.–Sa. 9.30–20 Uhr (bei Veranstaltungen länger)
sonntags geschlossen
Frauen: 50 Pfennig
Männer: 50 Pfennig

Hamburgburgs zentralste Toiletten – frisch renoviert

frauen lautet: „Sie können deutsche Toiletten nicht allein lassen."

Und auch, wer mal Probleme mit dem Drehkreuz haben sollte, vielleicht kein passendes Kleingeld dabeihat – 10-Pfennig-Stücke wechselt der Wechselautomat nämlich nicht – oder sonst auf einen kleinen Plausch aus ist, der wird hier nicht im Stich gelassen.

Das gepflegte Ambiente verspricht einen angenehmen Besuch auf weißen Keramiktoilettenschüsseln. Kleine blaue Plastikeimer bilden Farbtupfer im weißen Fliesen- und Kachelland. Sechs Kabinen für die Damen, vier Kabinen für die Herren plus eine nach Schweizer Antigeruchspatent imprägnierten Pinkelrinne: Die Toiletten am Gerhart-Hauptmann-Platz können sich sehen lassen.

Eine ewig lange Pinkelrinne unter den Rathausarkaden

6

Rathausarkaden

Es ist schon ein Kreuz mit dem Kreuz: Erst einmal die passenden Münzen finden bzw. den Geldwechselautomat. Dann erfolgt die Suche nach dem Einwurfschlitz.

Die Toilettenanlage unter den Rathausarkaden hat noch eine weitere Schwierigkeitsstufe: „Wir sind hier in England“, so instruiert uns die freundliche und resolute Toilettenfrau; soll heißen, dass hier Linksverkehr herrscht – aus Platzgründen. Also muss der Toilettengast vom Kontinent umdenken. Die Toilettenfrau, die nun damit beschäftigt ist, potenziellen Gästen den Eintritt in die richtige Richtung zu erleichtern, schimpft auf die Schreibtischtäter, die diese Anlage in Unkenntnis lokaler Bedürfnisse geplant haben.

Rathausmarkt/Ecke Hermannstraße
Hamburg-City
Täglich 9–20 Uhr (bei Veranstaltungen länger)
1. und 2. Weihnachtsfeiertag sowie Neujahr geschlossen
Frauen: 50 Pfennig
Männer: 50 Pfennig
Behindertentoilette

Wer diese kleine zusätzliche Hürde geschafft hat, den erwartet eine große, sehr saubere Toilettenanlage. Hinter zehn dunkelgelben Türen stehen zehn Keramiktoilettenschüsseln für die Damen bereit. Die Herren haben eine beidseitige ewig lange Pinkelrinne und vier Kabinen für das diskrete Geschäft.

Ab April beginnt hier die Hauptsaison, und das Toilettenpersonal hat alle Hände voll zu tun. Und den einen oder anderen internationalen Touristen freut vielleicht sogar das kleine Verwirrspiel am Eingang.

7

Rathauspassage

Unter dem Rathausmarkt: Zugänge Alter Wall, Schleusenbrücke und Reesendamm
Hamburg-City
Mo.–Fr. 8–20 Uhr
Sa. 10–17 Uhr
So. 12–16 Uhr
Frauen: 50 Pfennig
Männer: 50 Pfennig
Behindertentoilette
Wickeltisch

Das WC-Team sorgt in dieser von der Diakonie betriebenen Toilettenanlage für wunderbare Sauberkeit. Obwohl unterirdisch und fensterlos wirkt die in einem dezenten Grau gehaltene Toilettenanlage sehr freundlich. Neben einer Behindertentoilette und einem schlichten abschließbaren Wickelraum warten auf die Männer fünf Pissoirs und ebenso viele Toilettenkabinen; auf die Frauen wartet eine Toilette mehr.

Die Rathauspassage ist auch in toilettentechnischen Dingen „unterirdisch gut".

8

Automatiktoilette Jungfernstieg

Nein, hier war kein Stararchitekt wie in der Großen Bergstraße am Werke: Die öffentliche Toilette am Jungfernstieg befindet sich nicht im futuristisch anmutenden Eis- Kiosk Warneke, sondern gleich daneben in der Litfaßsäule. Die patentierte JCDecaux-Automatiktoilette ist nicht nur schön gelegen, sondern entspricht neuesten hygienischen Standards. Einfach mal ausprobieren und erleben; und nicht erschrecken, wenn kurz nach Verlassen der Toilette das automatische Reinemachprogramm unüberhörbar startet.

Jungfernstieg/Ecke Alstereck
Hamburg-City
24 Stunden täglich geöffnet
Frauen: 50 Pfennig
Männer: 50 Pfennig

Jetzt sind auch die Sanierungsarbeiten in der U- und S-Bahntoilette – Ausgang Jungfernstieg – abgeschlossen

9

Automatiktoilette Hopfenmarkt

Hopfenmarkt
Hamburg-City
24 Stunden
täglich geöffnet
Frauen: 50 Pfennig
Männer: 50 Pfennig

Der Hopfenmarkt an der Ost-West-Straße ist ein wahrhaft geschichtsträchtiger Ort. Bereits im 14. Jahrhundert wurde hier mit Hopfen gehandelt, später boten die Bauern auch Fleisch und Gemüse an. In der zweiten Hälfte des 19. Jahrhunderts befand sich gar der Hamburger Fischmarkt an dieser Stelle.

Die Attraktion des 20. Jahrhunderts ging eher unbemerkt an der Hamburger Bevölkerung vorbei: Auf dem Hopfenmarkt stand seit 1984 Hamburgs erste Automatiktoilette – ein Prototyp zu Vorführzwecken, der bisher dreimal gegen das jeweils neueste Modell ausgetauscht wurde. Heute findet man hier eine grüne Jugendstil-Litfaßsäule mit integrierter vollautomatischer Toilettenanlage vor – nicht wirklich mehr eine einzigartige Sehenswürdigkeit, zu der sich ein Pilgerzug lohnt. Denn das gleiche Modell steht seit ein paar Jahren z. B. auch am Jungfernstieg und neben dem Alten Elbtunnel. Aber sollten Sie garade in der Gegend um den Hopfenmarkt unterwegs sein, können Sie hier natürlich getrost austreten.

Moderne am geschichtsträchtigen Ort

St. Annen

Theoretisch können Sie auch mit einer Schute das rote Toilettenhäuschen an der St.-Annen-Brücke erreichen. Die Treppen, die sich linker- und rechter Hand Richtung Wasser aufeinander zubewegen, laden förmlich dazu ein. Da sie aber für den gemeinen Toilettenbesucher gesperrt sind, bietet es sich eher an, den normalsterblichen Weg über die Straße zu nehmen. Gegenüber dem „Rathaus der Speicherstadt" wartet das gotische Backsteinhäuschen mit Erkern und zwei schmucken Schornsteinen auf seine Toilettengäste. Ganz so gotisch geht es in seinem Innern zwar nicht weiter, aber für räumliche Großzügigkeit, viel Tageslicht und Sauberkeit ist gesorgt. Diskret platziert sind bei den Herren zwei Kabinen und zwei Pissoirs. Toilettenpapier und Flüssigseife im Spender, Marke „Sensitiv", sind vorhanden. Die Damen können sich ebenso auf eine erfreuliche Bedürfnisstätte im altehrwürdigen Ambiente freuen.

St.-Annen-Brücke/Ecke Broocktorkai
Speicherstadt
Hamburg-City
Täglich 8–18 Uhr
Toilettenbenutzung kostenlos

11

St.-Michaelis-Kirche

Krayenkamp 4c
Hamburg-City
Täglich geöffnet
Mitte März–Ende
Oktober 9–18 Uhr,
November–Mitte
März 10–17 Uhr
Kostenlose Toiletten-benutzung
Behindertentoilette
(nur mit General-schlüssel, erhältlich
beim CBF Darmstadt,
Telefon
0 61 51 – 8 12 20)

Schade, schade: Die Damen haben mal wieder das Nachsehen. Die Toilette für das weibliche Geschlecht am altehrwürdigen Hamburger Michel lässt sehr zu wünschen übrig. Nicht genug, dass lediglich eine der drei Toiletten geöffnet ist – diese ist dann auch noch in einem eher unschönen Zustand. Die zerstörungssichere Stahltoilettenschüssel ist zwar unverwüstlich, doch das abgerissene Klopapier, das auf der Erde verteilt liegt, hinterlässt einen nachhaltig schlechten Eindruck. Der alte Heringseimer – zum Abfalleimer umfunktioniert – scheint weibliche Gäste nicht zu anhaltender Sauberkeit zu animieren.

Bei den Herren ist der Sauberkeitsstandard höher. Ob es an der mit Infrarot betriebenen Spülautomatik der Pissoirs liegt? Wer will das ergründen?

Unser Pläydoyer jedoch gilt dem Einsatz einer Toilettenfrau, die an einem solch wichtigen und renommierten Hamburger Ort mehr als gute Dienste leisten würde. Hamburger Toilettengäste und Touristen am Michel würde es ihr danken.

Die Männer haben es mal wieder besser getroffen

Markttoilette Grossneumarkt

Auch dieses rote Backsteintoilettenhäuschen scheint nach der kostengünstigen und schlichten DIN-Norm für Toiletten erbaut worden zu sein. Dennoch steht es unter Denkmalschutz. Das wird dem ungeübten Auge erst beim Betreten der Toilettenkabinen deutlich. Die weiß gestrichenen Holztüren haben im oberen Berich kleine Milchglasfenster, in denen sich zwei kleine Holzbalken kreuzen. Die Türen der Herrenkabinen haben im unteren Teil noch zusätzlich kleine ausgestanzte Muster, die maurisch anmuten. Die warmroten Bodenfliesen heben sich vom weiß gefliesten Einerlei anderer Toilettenanlagen ab. Bei aller Museumsreife sind die Toilettenanlagen auf dem neuesten Stand.

Seit zwei Jahren wird diese Markttoilette von Karl-Heinz Rilat betreut. Er tut, was er kann, um diese Anlage sauber zu halten. Von den dummen Männersprüchen in der Damentoilette sollte sich frau nicht erschrecken lassen. Vielleicht gibt's ja sogar einen Bonbon mit auf den Weg: „Nimm drei!", heißt da die Parole von Karl-Heinz Rilat.

Großneumarkt, gegenüber der Pelikan-Apotheke
Hamburg-City
Mi. und Sa. 7–15 Uhr
Toilettenbenutzung kostenlos

Ein denkmalgeschütztes Toilettenhäuschen

13

Planten un Blomen (Grosser Kinderspielplatz)

Messe/Ecke Marseiller Straße
Hamburg-City
Täglich 10–17 Uhr
Toilettenbenutzung kostenlos
Wickel- und Sanitätsraum

Der große Kinderspielplatz in Planten un Blomen ist sanitärtechnisch gut ausgestattet. Wickeltisch und Sanitätsraum sind vorhanden. Von den Toiletten sollte man allerdings nicht allzu viel erwarten: Sie sind karg, aber ordentlich. Wahrscheinlich wird nach der Feierabend ein großer Schlauch zum Reinemachen hereingehalten. Dennoch: Toilettenpapier ist vorhanden und in abschließbaren Boxen gesichert. Kindgerecht wurde an den Kabinentüren nach oben und unten hin viel Platz

gelassen. Im Falle eines Türöffnungsproblems gibt es in jedem Fall einen Fluchtweg.

Obwohl die Toilettentüren ausdrücklich für Mädchen und Jungen ausgewiesen sind, gibt es keine Kindertoilettenschüsseln. Die Kleinen, die sich gerade von der Windel verabschiedet haben, müssen also noch auf Muttis oder Papis Hilfe vertrauen. Denn die durchgängig normalgroßen Toilettenschüsseln sind für die kurzen Beine doch zu hoch.

Neben den Toiletten am großen Kinderspielplatz gibt es in Planten un Blomen noch fünf weitere Toilettenanlagen: Am Tropengarten von 10–22 Uhr geöffnet, am Rosengarten von 12–23 Uhr geöffnet – beide übrigens gerade winterfest gemacht. Die Anlage Rosenhof ist behindertengerecht, ebenso wie die an der Minigolfanlage und Rollschuhbahn.

Die Toiletten am Tropen-garten

Alte Rabenstrasse/ Alsteranleger

Alte Rabenstraße/Ecke Harvestehuder Weg Hamburg-Rotherbaum Täglich 11–21 Uhr Toilettenbenutzung kostenlos

Gleich hinterm dem rollenden Eiscafe „Il Lago" am Alsteranleger Alte Rabenstraße befinden sich treppabwärts öffentliche Toiletten: rechter Hand für kleine Mädchen, linker Hand für kleine Jungs. Jeweils zwei Toilettenschüsseln stehen dem Besucher zur Verfügung. Die Damentoiletten sind mit Klobürste, Klopapier und einem selten gewordenen Kleiderhaken ausgestattet. Die mittlere Toilette lässt sogar einen wann auch immer benötigten Fluchtweg Richtung Alster offen. Das kleine Fenster lässt sich öffnen, und

Toilette mit Aussicht ...

sei es nur der Luftverbesserung wegen. Der Sauberkeitsstandard ist in Ordnung, wenngleich sowohl Seifen- als auch Papierhandtuchspender leer waren.

Dasselbe lässt sich leider von den Herrentoilettenschüsseln nicht sagen. Die Herren könnten ja auch mal spülen ... Die Pinkelrinne hinterlässt demgegenüber keine üblen Erinnerungen. Allein Frauen müssen sich wieder fragen, warum der Kondomautomat in der Herrentoilette versteckt steht.

15

Red Dog Bar & Café

Krugkoppel 1
Hamburg-Harvestehude
Täglich geöffnet 10–18 Uhr (ansonsten gelten die Öffnungszeiten des Cafés: außer montags 18–2 Uhr)
Frauen: 50 Pfennig
Männer: 50 Pfennig

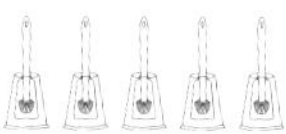

Klein, aber fein: das Red Dog Café sowieso, erst recht aber auch die dazugehörigen Toiletten. Das aus roten Backsteinen gebaute Toilettenhäuschen von 1912 beherbergt seit dreieinhalb Jahren die Kombination aus Bar/Café und öffentlicher Toilette.

Ab 10 Uhr täglich öffnet sich die Tür per Knopfdruck und automatischer Zeitschaltung: Das Reich der blauen Toiletten kann betreten werden. Frischer Zitrusduft strömt dem Besucher entgegen. Efeuranken zieren die lindgrün gewischte Decke und versprechen mit der blauen Klobrillen und den ebenso in Blau gehaltenen Accessoires einen angenehmen Toilettenbesuch. Die Herrren erwartet eine besondere Herausforderung, nämlich zielsicher und genau mit einem gekonnten Strahl das winzig kleine Pinkelbecken zu treffen.

Reddog Café und Blue-Dog WC

Bei Warteschleifen und längeren Sitzungen steht der Veranstaltungsplaner des Red Dog Cafés gerahmt zur Verfügung. Und bitte beim Hinausgehen nicht vergessen, Toilettengeld in die blaue Sparbüchse rechts an der Wand zu werfen.

Alsterperle

Ob der Name der „Alsterperle“ nun Auftrag oder Bestimmung ist, ist nicht mehr zu klären. Eines jedoch ist klar: das Kiosk-WC „Alsterperle“ ist eine echte Perle!

Ebenso wie das Red-Dog-Café-Häuschen an der Krugkoppel, war auch dieser kleine Backsteinbau in früheren Zeiten ausschließlich Toilet-

Schwanenwik 41
Hamburg-Uhlenhorst
Täglich 10–18 Uhr
Frauen: 50 Pfennig
Männer: 50 Pfennig
Waschraum:
50 Pfennig
Behindertentoilette

Fehlt nur noch die Lesebrille und ein schönes Buch

tenhaus. Seit einem Jahr nun ist die einstige Bedürfnisanstalt als schmuckes Kiosk-WC zu neuem Leben und Glanz erwacht. Denn glänzen tut nicht nur der Kiosk mit seinem kleinen feinen Snack- und Getränkeangebot, sondern auch die Toilettenanlage. So schön wird es manch einer nicht zu Hause haben und beschämt oder vor Neid erblassend die Toilette und den Waschraum wieder verlassen. Die Anlage ist behindertengerecht: Sogar auf den Türen ist in Brailleschrift zu ertasten, wer wohin muss. Den Frauen stehen zwei Toilettenschüsseln zur Verfügung. In schlichtem Weiß gekachelt und räumlich großzügig angelegt, erfreut außerdem jahreszeitlicher Blumenschmuck. Haarspray und Handcreme runden das Wohlbefinden ab.

Für die Männer gibt es in ebenso schöner Umgebung eine gepflegte Toilettenschüssel und drei Pissoirs. Davon ist eines für die kleinen männlichen Gäste gedacht.

Und wie in der Herrentoilette oft üblich hängt auch hier der „Men's Shop"– ein Kondomautomat.

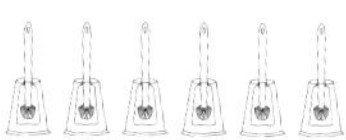

Dem einzig wahren „Fünf-Sterne-Klo" Hamburgs gebühren sechs Klobürsten!

Überseebrücke

Ein bisschen unheimlich kann es einem ja schon werden, wenn man die Treppe bei der Überseebrücke hinabsteigt. Wo wird sie den Notdürftigen hinführen?

Vorsetzen
Hamburg-St. Pauli
Sommer 10–18 Uhr
(bei Veranstaltungen auch länger)
Winter 10–17 Uhr
Frauen: 50 Pfennig
Männer: 50 Pfennig
Wickeltisch

Zu den „unterseeischen" Toiletten natürlich, die sich an der Ein- bzw. Ausfahrt der Tiefgarage am Vorsetzen befinden. Hinter einem großen Fenster, wird man freundlich begrüßt von Inge Matzat oder einer ihrer Kolleginnen. Alle

Inge Matzat hat alle(s) im Blick

unguten Gefühle kann man getrost weit hinter sich lassen.

Seit Oktober 1995 sorgt Inge Matzat für Sauberkeit in der riesigen Toilettenanlage und erweist sich zudem so manches Mal als fremdsprachenkundige Touristenführerin, wenn beispielsweise jemand die Reeperbahn sucht.

Dass sie außerdem bereits ihren 80. Geburtstag hier unten gefeiert hat, sieht man ihr weiß Gott nicht an. Sie „mach nicht zu Hause sitzen", wie sie sagt. Das Festhallenrestaurant und der Lübscher Baum waren vor der Arbeit als Toilettenfrau in den öffentlichen Toiletten an der Überseebrücke Stationen in einem arbeitsamen Leben, das sie auch heute nicht scheut.

Sie und ihre Kolleginnen haben ganz schön schrubben müssen, um Flecken vom Boden der jahrelang unbenutzen bzw. zweckentfremdeten Toilettenanlage zu beseitigen. Im alten neuen Glanz erscheinen somit für die Herren vier Pissoirs und ebenso viele Kabinen, die bei Bedarf geöffnet werden. Im übrigen muss dafür weder Drehkreuz noch Türentsicherung überwunden werden – bezahlt wird direkt beim Toilettenpersonal.

Den Damen stehen insgesamt sechs Kabinen zur Verfügung. In flauen Zeiten sind allerdings nur zwei davon geöffnet. Weiße Keramikschüsseln, Klobürste, Toilettenpapier und Kleiderhaken: Einem erfolgreichen Toilettengang steht hier nichts im Wege. Und für die kleinen Windelträger gibt es einen farbenfrohen, mit Plüschtieren liebevoll bestückten Wickeltisch.

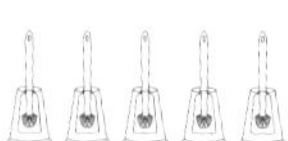

Ein stilles Örtchen – nicht unheimlich, sondern richtig heimelig!

18

St. Pauli Landungsbrücken Brücke 4

Das Einzige, was hier klappt, ist die Tür!" Peter und Doris Rode haben dezent das von ihnen betreute Toilettenreich mit einer Vielzahl kleiner Sprüche dekoriert. Warum sie gerade diesen Spruch unter anderen ausgewählt haben, bleibt ein Rätsel. Ob es vielleicht als kleines Scharmützel gegen die vom Bezirk installierten Drehkreuze zu verstehen ist? Denn die Drehkreuze sind für Staus vor den Toiletten und viel Unmut seitens der Erleichterung Suchenden verantwortlich.

Dabei hat das diese Toilettenanlage ganz und gar nicht verdient. Frisch renoviert stehen für die Damen vier Toilettenkabinen zur Verfügung. Ausgestattet sind sie mit moderner Spar-

Bei den St. Pauli Landungsbrücken
Hamburg-St. Pauli
Mo.–Sa. 8–20 Uhr
So. 6–20 Uhr (bei Festen wie dem Hafengeburtstag entsprechende längere Öffnungszeiten)
Frauen: 50 Pfennig
Männer: 50 Pfennig
Behindertentoilette

Achtung: Gleich hinter den Türen stehen die Drehkreuze

tastenfunktion, Keramiktoilettenschüsseln und verschiedenfarbigen Eimerchen. Peter Rode, der wie seine Frau über zehn Jahre im Toilettengeschäft tätig ist, war wesentlich an der Ideenfindung für die Neugestaltung beteiligt. Die Herren haben es keineswegs schlechter getroffen. Bei Bedarf werden drei Toilettenkabinen aufgeschlossen: Auch Männer wollen beim Pinkeln mal allein sein, wie zu hören ist. Ansonsten stehen ihnen zwei Pinkelrinnen zur Verfügung.

Obwohl die Toiletten an der Brücke 4 rege frequentiert werden, blitzt alles vor Sauberkeit. „Viel Leistung für wenig Mäuse!" Ein weiterer Spruch aus der Rode'schen Sammlung, der diesmal unsere ganze Zustimmung erhält. Auch wenn die originalen Hamburger die liebsten Toilettengäste der Rodes sind, vielleicht schafft es auch der eine oder andere Tourist, sich nicht mehr am Drehkreuz zu stoßen, und erinnert sich daran, dass 50 Pfennig viel Wert sein können.

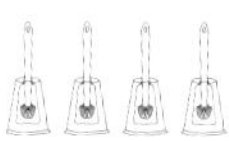

19

Automatiktoilette Alter Elbtunnel

Bei den St. Pauli Landungsbrücken 6
Hamburg-St. Pauli
24 Stunden täglich geöffnet
Frauen: 50 Pfennig
Männer: 50 Pfennig

Wer sich in die Tiefe des Alten Elbtunnels begibt, um dann wiederum per pedes, Fahrrad oder Auto die nicht ganz einen 500 Meter lange Wegstrecke nach Steinwerder zurückzulegen, sollte vorher seinem dringenden Bedürfnis nachgehen. Zum einen bieten sich da die Toiletten an Brücke 4 an, zum anderen die Automatiktoilette, direkt vor dem östlichen Eingang des Alten Elbtunnels.

Wem also die Schlange vor den Drehkreuzen der Toiletten an Brücke 4 an touristenreichen Tagen zu lang sein sollte und wer nicht unter Platzangst zu leiden hat, ist mit der Schmalversion der JCDecauxtoilette gut bedient. Erst die Bedienungsanleitung schriftlich oder bildlich verstehen, dann Geldeinwurf und „Sesam, öffne dich!“: Nirosta und Co erwarten Sie.

Keine Angst: Nach spätestens 20 Minuten ist alles vorbei, und Sie können erleichtert hinabsteigen in die nächste enge Röhre.

20

Fischmarkt

St. Pauli Fischmarkt,
Übergang zur
Großen Elbstraße
Hamburg-St. Pauli
Sonntag 4–11.30 Uhr
Frauen: 50 Pfennig
Männer: 50 Pfennig

„Es wird zur allgemeinen Kenntnis gegeben, dass ab sofort bei strengster Strafe verboten ist, sich seiner Notdurft in den Grenzbach Pepermölenbek

Anja Maahs vor ihrer Toilette am Fischmarkt

zu entledigen, da der Magistrat der Stadt Altona von dem Wasser Bier brauen will." Die Polizeibehörde der Stadt Altona

Die Zeiten haben sich geändert: Altona gehört inzwischen zu Hamburg, Bier wird nicht mehr mit dem Wasser des Grenzbaches Pepermölenbek gebraut, und „Notdürftige" müssen keine Strafen mehr fürchten, wo die Toilette nicht weit ist. Denn die Abmahnung der Polizeibehörde Altona hängt nur noch als kleines Relikt aus vorklonarischer Zeit in der Toilettenanlage gleich am Anfang der Großen Elbstraße.

Die gute Seele dieses Klos heißt Anja Maahs. Seit 15 Jahren werden die Toiletten am Fischmarkt als Familienunternehmen geführt. Bereits als Kind hat Anja Maahs unter dem Tisch im Wärterinnenraum gespielt. Heute ist dies der Treffpunkt der Marktbeschicker und all derer, die dieser Toilette über die Jahre die Treue gehalten haben – was hier nicht schwer fällt. Alles ist tipptopp und nach jedem Kabinenbesuch wird gereinigt. Nur manchmal haben es die Toilettengäste einfach zu eilig, da kommt auch die flinke Anja Maahs nicht immer nach. Fünf Toiletten für die Damen, drei Kabinen und sieben Pinkelbecken für die Herren – und ein Kommen und Gehen.

Aber bitte das Zahlen nicht vergessen!

21

Kasematten am Fischmarkt

In den Kasematten
am Fischmarkt
Hamburg-St. Pauli
März–November
So. 5–11 Uhr
Frauen: 50 Pfennig
Männer: 50 Pfennig
Behindertentoilette

Gerüchten, dass mit der Schließung des legendären Jazzlokals „Riverkasematten" die Hamburger Kasematten nicht mehr zugänglich seien, ist entschieden entgegenzutreten. Eines der Ende des 19. Jahrhunderts entstandenen Gewölbe am St.-Pauli-Hafenrand hat nämlich jeden Sonntag, wenn an dieser Stelle, kälteempfindliche Gefiedertiere wieder verkauft werden können, geöffnet.

Hier wartet eine großzügige Toilettenanlage auf die Fischmarktbesucher. Die „Mannslüd" können sich in drei Toilettenkabinen und einer denkmalgeschützen ewig langen Pinkelrinne, die ihresgleichen in Hamburg sucht, erleichtern. Alles ist zudem picobello sauber. Den „Froonslüd" stehen sechs Kabinen zur Verfügung, ausgestattet mit weißer Keramikschüssel und schwarzer Klobrille, Hygienebeuteln, Klobürste und lindgrünen Schwenkeimern. Am Waschbecken warten kleine

MANNSLÜD TREFFEN...

Handbürsten, Seife und Kaloderma auf bedürftige Hände.

Auch die Behindertentoiletten entspricht einem sehr hohen Standard.

Ehepaar Kuhrs pflegen diese denkmalgeschützte Toilettenanlage seit nunmehr acht Jahren. Sie können auf eine lange Familientradition zurückblicken, die auch 120 Meter weiter unten am Fischmarkt sowie in der Markttoilette in Flottbek fortgesetzt wird – eine Tradition, die hoffentlich lange den Toiletten und ihren Besuchern erhalten bleibt.

Und wer ein kleines Souvenir vom Hamburger Fischmarkt mitnehmen will, ist hier auch nicht ganz falsch: Wie wäre es mit einem kleinen maritimen Anstecker? Für die Kleinsten gibt es Bonbons kostenlos.

Froonslüd am Fischmarkt

22

Alte Welt

Palmaille 41
Altonaer Balkon
Hamburg-Altona
Sommerhalbjahr:
tägl. ab 14 Uhr
bis open end
Bei Redaktionsschluss stand leider noch nicht fest, ob es im Sommer schon ab 10 Uhr Frühstück gibt und ob im Winter sonntags geöffnet oder generell geschlossen ist.
Toilettenbenutzung kostenlos

Die meisten Menschen, die in Altona beim Bierchen auf die Elbe gucken wollen, zieht es zur Strandperle. Dabei ist es doch in der „Alten Welt" auch sehr schön, bisweilen etwas lauschiger. Einziger Nachteil des Cafébar-Biergartens ist, dass dem weithin gelb leuchtenden Flachbau nicht direkt ein Sandstrand vorgelagert ist. Dafür liegt die „Alte Welt" aber mitten im Park oberhalb des England-Fährterminals. Nicht nur bei sommerlicher Hitze – die ja in Hamburg durchaus auch vorkommt – kann man unter Bäumen Bier, Longdrinks, Kaffee und so weiter trinken und selbst gebackenen Kuchen essen. Wenn's kälter wird oder mal regnet, gibt's drinnen auch noch ein paar Plätze.

Die zur „Alten Welt" gehörigen Toiletten präsentieren sich im modernen blauweißen Design. Zwei Damenklos, zwei Herrenklos und zwei Pinkelbecken dienen der Erleichterung.

Strandperle

Hamburgs beliebtester Kiosk ist eindeutig die Strandperle in Övelgönne. Seit 28 Jahren betreiben Bernt und Elke Seyfert die Versorgungstation Nr. 1 für jeden Elbstrandbesucher. Dazu gehört nicht nur das Anrichten von Kartoffelsalat mit Würstchen. Auch die öffentlichen Toiletten an der Treppe zur Strandperle werden von Seyferts betrieben.

Alles ist hier tipptopp sauber und in Ordnung. Die schönen alten Holztüren der Klokabinen sind glänzend weiß gestrichen. Die Damenabteilung zieren zudem hübsche Gardinchen und Blumen. Auch bei den Herren hingen Gardinen und gereimter Wandschmuck – „Liebe Leut, seid keine Jecken, Kippen gehören nicht in die Pinkelbecken". Derlei Kleinode sind aber leider entwendet worden, und die Kippen müssen weiterhin per Hand aufgesammelt werden.

Übrigens hat bei unserem Toilettenbesuch vor Ort niemand Geld in den bereitgestellten Aschenbecher getan. Dabei bleibt den Damen, die hier für Ordnung sorgen, am Ende ihres putzreichen Arbeitstages nichts als dieses Geld ...

Schulberg/Ecke Övelgönne
Hamburg-Altona
Ende März bis Ende September
Täglich 11 bis spätestens 23 Uhr (wetterabhängig)
Frauen: 50 Pfennig
Männer: 50 Pfennig, Pinkeln umsonst

Quält Sie mal der Durst, wenn die Strandperle geschlossen hat?! Zwischen den beiden Toilettentüren ist an der Außenmauer ein kleines Waschbecken angebracht. Hier gibt es rund um die Uhr Trinkwasser gegen den Durst – oder auch zum Reinigen.

Der berühmteste Kiosk Hamburgs

24

Zur Elbkate

Övelgönner Hohlweg 12/ Hans-Leip-Ufer
22587 Hamburg-Othmarschen
Tel. 8 80 37 66
Sommerhalbjahr: täglich 10–21 oder 22 Uhr
Winterhalbjahr: Mo.–Fr. nur bei schönem Wetter sowie Sa. und So. 10–18 Uhr
Frauen: 50 Pfennig
Männer: 50 Pfennig
Wickeltisch

Der ohnehin schon große Menschenstrom am Elbufer ist 1999 durch die Bergung des Findlings noch mal angewachsen. Zum Glück gibt es für alle Findlingstouristen – und natürlich auch den gemeinen Spaziergänger – nur wenige hundert Meter vom Riesenstein entfernt eine einwandfreie Toilettenanlage. Denn an den Stein sollte nun wirklich keiner pinkeln, nachdem das mit den Graffitis schon solchen Ärger gegeben hat!

Anfang 1999 musste Oskar Sporrer – seit neun Jahren Inhaber des Café-Restaurants „Zur Elbkate" – die links neben seinem Lokal befindlichen öffentlichen Toiletten von der Stadt übernehmen. Die ehemals völlig heruntergewirtschaftete Anlage erstrahlt seitdem in neuem Glanz. Alles ist jetzt weiß gefliest und gepinselt. Für den Herren steht neben der obligaten Pinkelrinne eine Klokabine zur Verfügung. Die Damen haben drei Kabinen. Und mittendrin liegt Willis Reich – natürlich mit Elbblick. Klomann Willi Winkler – ehemals Schiffsteward –, wacht darüber, dass sich bei ihm alle ordentlich benehmen. Außerdem legt er Seife nach, verteilt Handtücher und putzt. Und tatsächlich ist alles supersauber hier. Die beigebraunen Klobürsten setzen nicht nur farbliche Akzente im ansonsten weißen Kabineninnenraum, sondern lassen sich auch problemlos anfassen. Neben dem restlichen unentbehrlichen Zubehör – Seife, Handtücher, Mülleimer – gibt es noch einige zusätzliche Accessoires, die einen Besuch dieser Toilettenanlage nahe legen. Im Damenklo gibt es einen klappbaren Wickeltisch. Männer finden über ihrer Pinkelrinne einen Aschenbecher und können zwischen vier verschiedenen Kondomsorten bzw. -geschmacksrichtungen wählen. Der Automat im Frauenklo wirft neben OBs leider nur eine einzige Kondomart aus.

Im Innern der „Elbkate" gibt es neben zahlreichen Leckereien natürlich ebenfalls Toiletten. Deren kos

WILLI WINKLER IN SEINEM REICH

tenlose Benutzung ist den Gästen vorbehalten. Spaziergänger, die nichts essen oder trinken möchten, dürfen die Klos nach Abgabe der üblichen 50 Pfennig ebenfalls benutzen.

25

Anleger Teufelsbrück

Neben dem Imbiss Luzifer
Anleger Teufelsbrück, Elbchaussee
Hamburg-Othmarschen
Sommerhalbjahr: tägl. ab 11 Uhr bis Sonnenuntergang, sonntags schon ab 10 Uhr
Wintersaison: nur bei gutem Wetter geöffnet
Toilettenbenutzung kostenlos

Zu den schönsten Sachen, die man in Hamburg machen kann, zählt eindeutig das Pommesessen auf dem Anleger Teufelsbrück. Unterhalb des Café Engels liegt der Imbiss Luzifer – die Pommesbude mit Hamburgs bestem Panoramablick. Zwar ist der Fritteur ein wahrhaft bärbeißiger Berliner, und seine mal mehr, mal weniger lustigen Späße sind nix für zart besaitete Naturen. Aber hat man einmal seine Currywurst mit Pommes ergattert, kann nichts mehr den Genuss mit Aussicht trüben. Gut gesättigt kann man noch stundenlang hier sitzen bleiben, Schiffe gucken und sich wohl fühlen.

Und wer zwischen Pommes, Currywurst und Bierchen zwischendurch mal ein freies Gefühl bekommen möchte, braucht auch nicht heimlich in die Elbe zu pinkeln, sondern kann getrost hinter der D- oder H-Tür am Ende des Anlegers verschwinden.

Die Toiletteneinrichtung ist saniert, ganz passabel, aber lädt im Gegensatz zur Außenanlage nicht gerade zum längeren, ausschweifenden Aufenthalt ein.

Das Klo ist OK, die Pommes super!

Kleine Rast, Café und Imbiss

Zwischen Teufelsbrück und Blankenese, unterhalb des neuen Seegerichtshofs am Elbuferweg liegt die Kleine Rast. Malerisch ist der Blick, den man von der Terrasse des Café-Imbisses aus auf die Elbe hat.

Die freundliche Familie Werner serviert hier seit 1989 Pommes, frittierten Fisch, Frikadellen, Wurst, Glühwein, Rumgrog, russische Schokolade und vieles Leckere mehr.

Ebenso gut, wie man hier essen kann, kann man auch aufs Klo gehen. Nach dem Umbau im Frühjahr 2000 stehen den Damen drei Toilettenkabinen zur Verfügung, die Männer haben eine Schüssel plus zwei Urinale.

Elbuferweg 85
Hamburg-Nienstedten
Winterhalbjahr: Sa. und So. 10 Uhr bis open end
Sommerhalbjahr: täglich ab 11 Uhr bis open end
Achtung: Bei Regen geschlossen!
Bei Redaktionsschluss stand noch nicht fest, ob der Preis für die Toilettenbenutzung künftig von 50 Pfennig auf 1 Mark erhöht wird.

Kleine Toilettenpause gefällig?

27

Café-Garten Mühlenberg

Elbuferweg 135
Mühlenberger Yachthafen
Hamburg-Nienstedten
Öffnungszeiten wetterabhängig:
ca. Mai–September tägl. 10–19 Uhr
Frauen: 50 Pfennig
Männer: 50 Pfennig
Behindertentoilette (auch mit Generalschlüssel, erhältlich beim CBF Darmstadt, Telefon 0 61 51–8 12 20)

Sind Sie von Teufelsbrück Richtung Blankenese unterwegs, bietet sich Ihnen kurz vorm Ziel noch eine Möglichkeit der klonarischen und kulinarischen Rast. Der Gelbklinker-Flachbau gegenüber vom Mühlenberger Yachthafen beherbergt nicht nur öffentliche Toiletten, sondern auch einen Kiosk, an dem es kleine Leckereien gibt.

Die Toiletten sind unabhängig vom Kiosk geöffnet. Für den Herrn wurde draußen vor der Klotür ein Geldautomat installiert, so dass auch wer nur die Blase leeren möchte 50 Pfennig in dieses Unterfangen investieren muss. Und dann riecht die Pinkelrinne auch noch ein wenig streng! Für alles andere gibt es dann aber eine ordentliche Klokabine mit peppiger türkiser Brille.

Frauen dürfen umsonst in ihren Toilettenvorraum. Dann sind allerdings auch 50 Pfennig vonnöten, die in den Automaten an einer der drei Klotüren geworfen werden müssen. Was dahinter liegt, ist nicht der letzte Schrei. Hellgelb dominiert, aber alles ist recht sauber und ordentlich.

Auch wenn der Kiosk geschlossen hat, können Sie getrost hier einkehren!

Panoramablick aus der Herrentoilette

Ponton Blankenese

28

Strandweg/Ponton
Hamburg-Blankenese
Täglich außer
dienstags 11–17 Uhr
(März–November)
Frauen: 50 Pfennig
Männer: 50 Pfennig

Mit der Bergziege hinunter zum Elbstrand und vorm langen Elbspaziergang noch einmal kurz verschwinden ...

Auf dem großzügigen Ponton gleich hinter dem Imbiss befinden sich die gerade frisch renovierten öffentlichen Toiletten.

Alles ist sehr sehr sauber, und das kleine Gardinchen am Fenster Richtung Strandweg lässt fast Gemütlichkeit aufkommen. Die Damen haben zudem zwei Toilettenkabinen mit Aussicht auf die Elbe. Die Herren können zwei gegenüberliegende Pissoirs und/oder eine Kabine benutzen. Weiße Keramik und Fliesen unterstreichen die Sauberkeit. Damit sie erhalten bleibt, stehen Klobürsten zur Verfügung. Auch eine Wärterin kann theoretisch herbeigeklingelt werden. Uns hat sie leider nicht erhört.

Da hier also nicht persönlich oder maschinell via Drehkreuz o. Ä. kassiert wird, sollten Sie nicht das Toilettengeldtellerchen übersehen und sich davonschleichen. Aber das versteht sich ja von selbst: So viel Sauberkeit muss man auch belohnen!

29

Zum Falkensteiner Ufer

Falkensteiner Ufer 54/Ecke Falkensteiner Weg
Hamburg-Wittenbergen
Sommerhalbjahr: 10–22 Uhr
Winterhalbjahr: Sa. und So. je nach Wetterlage bis 17 Uhr
Frauen: 50 Pfennig
Männer: 50 Pfennig

Der kleine weiße Pavillon am Falkensteiner Ufer versorgt schon seit ungefähr 50 Jahren hungrige und durstige Spaziergänger. Auf der kleinen Terrasse sitzt man gemütlich bei belegten Brötchen, Kuchen, Kaffee und im Winter auch mal Glühwein.

Außerdem kann man hier auch auf die Toilette gehen – Gäste natürlich umsonst. Allen anderen WC-Benutzern wird vertraut, dass sie 50 Pfennig in die bereitgestellte kleine Geldkassette tun.

Für Frauen und Männer gibt es jeweils nur einen kleinen Toilettenraum. Aber der ist sauber und gepflegt und kann bedenkenlos empfohlen werden.

Klein und fein

Lütt Wittenbergen

Das Herz des Exil-Ruhrgebietlers schlägt höher beim Anblick von „Lütt Wittenbergen". Denn dieses Klo im Hinterland des Wittenbergener Strands ist gleichzeitig ein Kiosk. Für den Hunger und Durst vor oder nach dem Klogang sind Süßigkeiten, Kaffee und selbst gebackener Kuchen, Würstchen sowie hausgemachte Frikadellen im Angebot. Zur anschließenden Verdauungsförderung – oder auch für zwischendurch – ist in Augenhöhe überm Kiosktresen ein umfangreiches Schnapsfläschchen-Sortiment aufgereiht.

Rissener Ufer 27
22559 Hamburg-Wittenbergen
Tel. 81 96 08 70
Sommerhalbjahr: täglich 10–21 Uhr
Winterhalbjahr: täglich 10–18 Uhr
Frauen: 50 Pfennig
Männer: 50 Pfennig

Achtzehn Jahre lang arbeitete Monika Schlüter – seit Frühjahr 1999 Betreiberin der idyllisch gelegenen Anlage – in einen Imbiss an den Landungsbrücken, ehe sie ins Kiosk-WC-Gewerbe umgestiegen ist. Ob sich das als lukrativer erweist, wird sich noch zeigen. An Menschenkenntnis hat Monika Schlüter auf jeden Fall schon dazugewonnen. Dachte sie doch

Monika Schlüter am Kiosktresen

früher, Frauen wären sauberer, offener und ehrlicher als Männer. Von wegen! Die männlichen Toilettenbenutzer empfindet Monika Schlüter mittlerweile fast als zutraulich, auf jeden Fall als ehrlich. Letzteres mag daran liegen, dass der Weg zum Männerklo direkt an ihrem Kiosktresen vorbeiführt. Da robbt wohl keiner extra am Boden entlang, nur um 50 Pfennig zu sparen.

Die Frauen hingegen schleichen heimlich und hinterrücks zum Klo und schummeln ziemlich oft. Und dass, obwohl – oder womöglich auch gerade weil – die Klotür nur abgeschlossen werden kann, wenn vorher 50 Pfennig in den kleinen Schließautomaten an der Tür geworfen werden.

Und wie sieht es hinter der Klotür – hier braun bzw. orange – aus? Bei unserem Testbesuch (ohne Türabschließen!) war alles sehr sauber, denn hier putzt die Chefin selbst. Einzige Aufsehen erregende Neuerung in den letzten Jahren dürfte allerdings das Wassersparsystem an der Pinkelrinne im Männerklo sein. Denn das in hellgelb, orange und braun gehaltene Innendesign der Kloräume stimmt nicht nur leicht trist, sondern ist auch eindeutig nicht aus den Neunzigern.

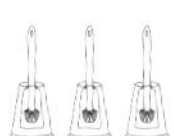

Automatiktoilette Grosse Bergstrasse

Auch die Hansestadt wurde von Stararchitekt Foster architektonisch beehrt. Zwar ist es kein Glaskuppelbau wie am Berliner Reichstag, aber auch hier wurde ein gegebenes Äußeres kunstvoll umbaut.

Große Bergstraße/Höhe Willebrandstraße
Hamburg-Altona
24 Stunden täglich geöffnet
Frauen: 50 Pfennig
Männer: 50 Pfennig

Wem die Automatiktoilette nach Fosters Plänern noch nicht aufgefallen ist, der sei ent-

Farblich leider kein Kontrast zum grauen Einerlei der Grossen Bergstrasse

schuldigt. Denn in dem städteplanerischen Chaos der Großen Bergstraße ist die zudem in wenig kontrastreichen Farben wie Graubraun oder Erdkhaki gehaltene Foster-Toilette schwer auszumachen. Dabei hat die litfaßsäulengroße Automatiktoilette nicht nur Außenwerbung zu bieten, sondern auch eine stilvolle Sitzbank, die künstlerisch gesehen wohl den Abschluss zum oben platzierten flachen Schirm bildet.

Von innen betrachtet ist die Automatiktoilette wie ihre anderen Schwestern auch: funktional, hygienisch und sauber. Farbtechnisch ist diese Toilette allerdings eher gewagt und sicher nicht jedermanns und -fraus Geschmack: Denn das Innere ist in einem nicht besonders frischen Ockergelbton gehalten.

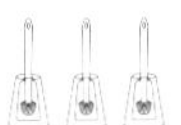

Vielleicht wird die Foster-Toilette nach der verkehrstechnischen Umstrukturierung der Großen Bergstraße ja endlich ein Blickfang. Ihr zukünftiger Standort war vor Redaktionsschluss von „Hamburg klonarisch“ leider noch nicht bekannt.

32

Siggi's Kiosk – Imbiss-Treff

Wer die zu Siggi's Kiosk gehörenden öffentlichen Toiletten aufsucht, verrichtet seine Notdurft an einem wahrhaft historischen Ort. Genau an dieser Stelle stand das Zollhaus nach Dänemark – leider ist es 1860 abgebrannt. Aber das heutige Häuschen wurde immerhin auch schon 1876 hier errichtet und steht mittlerweile unter Denkmalschutz.

Seit vier Jahren hält Siggi neben dem üblichen Kioskangebot auch Würstchen, Kaffee, Pommes und Frikadellen für hungrige Ausflügler bereit. Die Stammkundschaft kauft hier hauptsächlich die tägliche Zeitung mit Brötchen. Letztere kann man – und sollte man als Spätaufsteher – vorbestellen.

Dem Hinweisschild „Nicht zu weit in den Kiosk lehnen" ist tunlichst Folge zu leisten, denn im Innern des Häuschens wacht Schäferhund Wolf.

Hohenzollernring
01/Ecke Elbchaussee
Hamburg-Altona
Tel. 8 80 12 81
Mo. 7–13 und
15–19 Uhr
Di. 7–13 Uhr
Mi.–Fr. 7–13 und
15–19 Uhr
Sa. 7.30–20 Uhr
So. 9–19 Uhr
Frauen: 50 Pfennig
Männer: 50 Pfennig

Ein wahrhaft historischer Ort

SIGGI HAT EIN GROSSES HERZ FÜR SEINE KUNDSCHAFT

Die oben erwähnten Toiletten wurden übrigens nur bis März 2000 von der Stadt unterhalten. Als Folge der Sparmaßnahmen sorgt Siggi seitdem in Eigenregie für die Klos. Eine Männer- und eine Frauenkabine – die zwar nicht in allerbestem Zustand sind, aber trotzdem durchaus benutzbar – hat er als kleine Nettigkeit für die Kundschaft beibehalten.

Markttoilette Hartzloh-strasse

Die Markttoilette Hartzlohstraße riecht nach Fisch. Aber zum Glück liegt das nicht am Klo selber, sondern am direkt davor postierten Fischwagen.

Hartzlohstraße/Ecke Fuhlsbütteler Straße Hamburg-Barmbek Di./Do./Sa. 8.30–13 Uhr Toilettenbenutzung kostenlos

Wie alle anderen Marktklos ist auch diese Toilette 1999 renoviert worden. Die Türen zu den einzelnen Kabinen sind hier ebenso grün wie in den meisten anderen Markttoiletten auch. Im farblichen Kontrast dazu stehen die schmucklosen hellgelben Toilettenwände.

Von einer Wärterin ist keine Spur zu sehen. Trotzdem ist alles sauber und recht ordentlich. Nur der Läufer auf dem Fußboden ist etwas schmuddelig und sollte weiträumig umgangen werden.

An Markttagen bitte hier rein!

34

Pissoir Hartzlohplatz/Ecke Rungestrasse

Hartzlohplatz/Ecke Rungestraße
Hamburg-Barmbek
24 Stunden täglich geöffnet
Pinkeln nur für Männer
Benutzung kostenlos

Eines der wenigen Pissoirs, die es noch in Hamburg gibt, steht in Barmbek. Am Hartzlohplatz in der kleinen Grünanlage neben der St.-Gabriel-Kirche können Männer rund um die Uhr pinkeln. Das kleine, gelb verklinkerte Betonhäuschen hat natürlich keine abschließbaren Türen. Aber der schneckenförmige Weg zur Pinkelrinne sorgt für genügend Sichtschutz.

Zwar ist das ausreichend saubere Innere des Pissoirs an sich nicht zu beanstanden. Aber das Frauen, die mal müssen, sich hier nach dem Motto „Wo ein Wille ist, ist auch ein Gebüsch" richten müssen, ist einfach ungerecht. Hat es denn gar nichts genutzt, dass Hollywoodstar Susan Stahnke so selbstlos für Frauenpissoirs geworben hat?!

Eins der wenigen Hamburger Pissoirs

Eiscafé Il Lago

Alte Holstenstr. 75
Hamburg-Bergedorf
Winterhalbjahr:
täglich 10–16 Uhr
Sommerhalbjahr:
täglich 10–22 Uhr
Frauen: 50 Pfennig
Männer: 50 Pfennig
Behindertentoilette

Mitten in der Bergedorfer Fußgängerzone, direkt am Schlossteich, steht ein rustikales Fachwerkhäuschen. Das Innere des Häuschens ist weniger rustikal. Es ist im typischen, zeitlosen Eisdielenstil gehalten.

Im Sommer kann man beim Eisessen die Enten auf dem See beobachten. Im Winter und bei Regen geht man besser rein ins Häuschen.

Der Eingang zur Eisdiele liegt unübersehbar zur Fußgängerzone hin. An der Seite geht's zu den Toiletten. Gäste dürfen selbstverständlich umsonst aufs Klo. Der gemeine Toilettenbenutzer muss den Klingelknopf am Seiteneingang betätigen. Und schon öffnet sich die Tür ...

Auch im Winter hat das Eiscafé Il Lago geöffnet – allerdings ohne Eis, sondern mit Glühwein und Kaffee. Und zur Toilette gehen können Sie natürlich auch!

36

Markttoilette Billstedt

Billstedter Platz neben dem Kantineneingang des Ortsamtes Hamburg-Billstedt
Di. 7–14 Uhr,
Fr. 7–19 Uhr
Toilettenbenutzung kostenlos
Behindertentoilette

„Eine Dame erkennt man nicht an der Schminke, sondern daran, wie sie die Kabine verlässt." Eine junge Kundin hat Waltraud Kahle – seit vier Jahren Toilettenfrau in Billstedt – diesen Spruch geschenkt.

Dabei würde sich so was wie „Verlasse diesen Platz, wie du ihn vorgefunden hast" hier auch gut machen. Alles ist blitzsauber – entweder hellgelb gekachelt oder in Blütenweiß gehalten. An jeder Klospülung sorgt ein Wunderbaum-Anhänger für Frischluft.

Beim Eintritt in die Damenabteilung wird man von Frau Kahle mit einem

freundlichen „Guten Tach" begrüßt. Verlässt man die Kabine wieder, wischt sie die Brille jedes Mal mit einem Lappen nach.

Die beiden Klokabinen und die Pinkelrinne bei den Herren sind ebenfalls sehr sauber. Nur auf die freundliche Begrüßung muss man dort verzichten.

WALTRAUD KAHLE – DIE GUTE SEELE DER BILLSTEDTER MARKTTOILETTE

37

Automatiktoilette Bahnhof Blankenese

Bahnhofsvorplatz
Hamburg-Blankenese
24 Stunden
täglich geöffnet
Frauen: 50 Pfennig
Männer: 50 Pfennig

Nein, in Blankenese muss sich keiner mit einem schmuddeligen Bahnhofsklo zufrieden geben: Aus dem Bahnhof tretend folge man dem schmalen Hinweisschild nach rechts zu den öffentlichen Toiletten. Auf der kleinen Grüninsel zwischen Bahnhofsplatz und Blankeneser Bahnhofstraße steht eine JCDecaux-Toilette im Litfaßsäulen-Design. Der Einheitspreis von 50 Pfennig eröffnet dem Besucher die Decaux-standardisierte Welt der Toilettenhygiene.

Wenn es jemals Schmuddel im Blankeneser Bahnhofsklo gegeben haben sollte: Spätestens mit dieser Innovation wurde ihm der Garaus gemacht.

SCHMAL, SCHLICHT UND SAUBER: DIE LITFASSSÄULEN-TOILETTE

38

Kiosk-WC Blankenese

Im September 1999 hatte das Toilettenhäuschen an der Blankeneser Landstraße fast unbemerkt 50-jähriges Jubiläum, als es nach längerer Schließung als Kiosk-WC von Konrad Seiz wieder eröffnet wurde.

Die Toiletten – für Frau und Mann steht jeweils eine Toilette zur Verfügung – wurden renoviert und präsentieren sich nun in einem dezent altrosa marmorierten Ambiente.

Stilvoll abgerundet wird alles durch den farblich angepassten Toiletteneimer und Edelstahlhalterungen für Toilettenpapier und Klobürste. Den Herren stehen zudem noch zwei Pissoirs zur Verfügung.

Blankeneser Landstraße 67
Hamburg-Blankenese
Mo.–So. 6.30–14 Uhr und 15–18 Uhr, außer montagnachmittags
Frauen: 50 Pfennig
Männer: 50 Pfennig

Ein Toilettenhäuschen mit 50-jährigem Jubiläum

Wer die Toiletten aufsuchen muss, hat zweierlei zu beachten: Erstens muss der Schlüssel vorne im kleinen, feinen Kiosk abgeholt werden; zweitens muss man dann im Kloinneren eventuell über winters eingelagerte Blumen steigen. Herrr Seiz versprach allerdings Abhilfe. Vielleicht ist bei Ihrem Besuch der kleine Hindernisparcours bereits beseitigt.

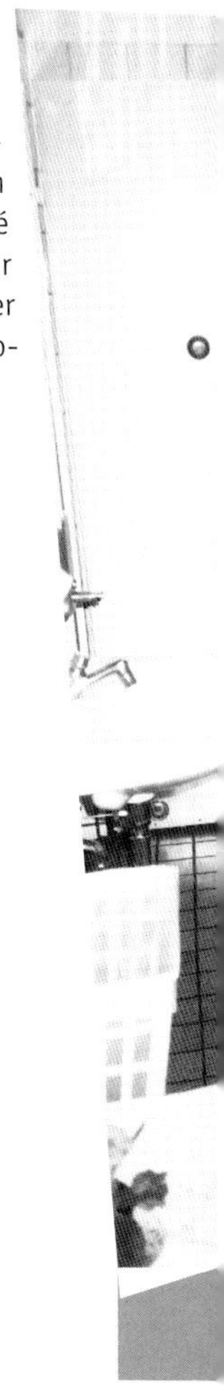

Der im vorderen Teil des Gebäudes untergebrachte Kiosk ist jedenfalls jederzeit begehbar. Konrad Seiz hat hier auf wenigen Quadratmetern einen freundlichen caféähnlichen Verzehrbetrieb eingerichtet. Sein Traum ist es, den Kiosk zu einem kleinen Café auszuweiten. Die Genehmigung dafür hat er schon, und auf Erfahrungen im Bereich der Gastronomie kann der Theater- und Kinoerfahrene Konrad Seiz zurückblicken.

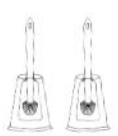

39

Markttoilette Blankenese

Viele bunte Blumenstände, erlesene Spezialitäten für Leib und Seele: Der Blankeneser Wochenmarkt ist ohne weiteres eine der Sehenswürdigkeiten des edlen Hamburger Elbvorortes.

Blankeneser Bahnhofsstr. 31
Hamburg-Blankenese
Di. 7–15 Uhr
Fr. 7–19 Uhr
Sa. 7–14 Uhr
Toilettenbenutzung kostenlos
Behindertentoilette (auch mit Generalschlüssel, erhältlich beim CBF Darmstadt, Telefon 0 61 51-8 12 20)

Brigitte Tang-Bökler hat [...]r Toilettenreich gut im Griff

Zumal die Seele dieses Wochenmarktes Brigitte Tang-Bökler heißt, ihres Zeichens Toilettenfrau und für die Bedürfnisse nicht nur der Marktbeschicker unerlässlich.

Seit zwölf Jahren ist Brigitte Tang-Bökler im Geschäft. Vom Jungfernstieg über Rathausmarkt und Großneumarkt nach Blankenese: In Sachen Toilettenanlagen kann man ihr nichts mehr vormachen. Seit zwei Jahren ist Brigitte Tang-Bökler nun schon auf dem Blankeneser Wochenmarkt. An Markttagen ist sie ab 5.30 Uhr da, für die Marktleute, wie sie sagt, die oftmals schon ab 4 Uhr morgens mit dem Aufbau ihrer Stände beschäftigt sind.

Jeder Anfang in einer anderen Toilettenanlage sei neu, erklärt uns Frau Tang-Bökler, und nicht immer einfach. Es dauere eben, bis man mit den Leuten warm wird.

Von solcherlei Startschwierigkeiten ist hier heute nichts mehr zu spüren. Als wir zu unserem Toilettenbesuch auf dem Blankeneser Wochenmarkt kommen, wärmt nicht allein die wunderbar warme Heizung, sondern auch die überaus freundliche Begrüßung durch Brigitte Tang-Bökler. Sie kennt fast alle ihrer Kundinnen und Kunden persönlich.

„Ein Wort machen" nennt sie den kurzen Plausch übers Wetter, Familiengeschichten oder über Krankheiten. Schnell noch ein Wisch über die Klobrille, das Toilettentrinkgeld wird gewechselt, und einem angenehmen Gang zur Toilette steht nichts mehr im Wege.

Vier Toilettenschüsseln hinter quietschorangefarbenen Türen stehen den Damen, zwei den Herren zur Verfügung. Kleiderhaken und bei den Damen kleine grellrote Schwenkeimer – vielleicht nicht immer farbsicher, aber für das Nötigste ist gesorgt.

Die Pinkelrinne bei den Herren wird mehrmals täglich abgesprüht, um den strengen Geruch zu mindern.

Das Herzstück der Toilettenanlage ist jedoch der Aufenthaltsraum, der vor allem für die Marktbeschicker die Anlaufsstelle ist, um sich einen wärmenden Kaffee zu holen, nasse Kleidung zu trocknen, „Toilettenschulden" zu begleichen, und und und ...

Und am Ende unseres Besuches wissen wir nicht, ob es tatsächlich der Blankeneser Wochenmarkt war, der unbedingt einen Besuch lohnt oder die von Brigitte Tang-Bökler so liebevoll betreute Toilettenanlage. Eigentlich auch egal: Wir kommen wieder!

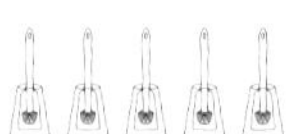

40

Automatiktoilette Berliner Tor

Was den Berlinern der Reichstag ist, ist den Hamburgern diese Automatiktoilette. Denn kein Geringerer als Lord Norman Foster gestaltete für die Firma JCDecaux die futuristische Bedürfnisanstalt am Berliner Tor.

Eine Bank, die die Designer-Klosäule zur Hälfte umrundet, soll die Toilette wohl wieder als geselligen Mittelpunkt des Lebens etablieren. Der Toiletteninnenraum mutet ein klein wenig geräumiger an als im JCDeceaux-Standardmodell. Ansonsten funktioniert alles wie gehabt: automatische Türschließung und -öffnung spätestens nach 20 Minuten, kombinierte Händewasch- und -trockeneinrichtung und natürlich vollautomatische Selbstreinigung nach erledigtem Geschäft.

S-/U-Bahn
Berliner Tor
Ausgang Beim Strohhause
Hamburg-Borgfelde
24 Stunden täglich geöffnet
Frauen: 50 Pfennig
Männer: 50 Pfennig

Das Inspektionsteam im Einsatz

41

S-Bahnhof Elbgaustrasse

Elbgaustraße/Ecke Weidplan
Hamburg-Eidelstedt
Täglich 7–18 Uhr
Toilettenbenutzung kostenlos

Am Verkehrsknotenpunkt Elbgaustraße, unweit des Elbgau-Centers steht ein weißes Backsteinhäuschen. Das bescheidene, mit Glasbausteinen versehene Klohäuschen befindet sich in einem akzeptablen Zustand. In einem großzügigen Raum finden zwei Toiletten Platz. Klopapier ist vorhanden. Leider beherzigen die Klogäste das „No-Smoking"-Schild an der Tür nicht und drücken – wie unfein – ihre Zigaretten an den Spülkästen und runden Toilettenrollenhalterungen aus. Hässliche Brandflecken sind die Folge. Wer weiß, wofür es gut ist, dass es keine Klobürsten gibt …

Die Toilettenanlage ist ansonsten gut ausgerüstet, wenn auch der Nirosta-Seifenspender leer ist und auch die Papierhandtücher wahrscheinlich aus Kostengründen eingespart wurden.

Im Grunde aber hat man es ja sowieso eilig, die nächste Bahn oder den nächsten Bus zu erreichen.

„No-Smoking"-Bereich im Toilettenhäuschen Elbgaustrasse

Eiscafé Kaifu Eimsbüttel

Bismarckstraße/Ecke Bundestraße
Hamburg-Eimsbüttel
März–Oktober
9–22 Uhr
November–Februar
10.30–18 Uhr
(wetterabhängig)

Sommer am Kaiser-Friedrich-Ufer ist einmalig: Sonne und Wind, na ja und auch mal Regen – der Hamburger an sich ist ja nicht wasserscheu ... Und Eisessen tut er außerdem gern.

Das Eiscafe Kaifu lädt dazu herzlich ein. So herzlich, dass das Straßencafe mit Sitzgelegenheiten zur Bundesstraße hin – und etwas ruhiger und schattiger hinterm Kiosk am Isekanal – nicht nur im Sommer gut besucht ist, sondern auch im Winter geöffnet hat. Allerdings nur dann, wenn das Wetter nicht tatsächlich zum Davonlaufen ist.

Diese spendablen Öffnungszeiten kommen natürlich nicht nur Eisessern zugute, sondern auch denjenigen, die sonst womöglich in den Büschen der Isekanal-Grünanlagen austreten müssten.

Den Schlüssel gibt's beim Kioskpersonal, bzw. wird von innen geöffnet. Das am Haus angebrachte Emailleschild weist den Weg hinter den Kiosk. Dort warten jeweils eine Toilettenschüssel mit schwarzer Klobrille auf Frau und Mann. Für die Männer gibt es außerdem ein Pissoir. Und zur allgemeinen Freude befindet sich alles in gutem und sauberen Zustand.

Immer dem Schild nach

43

Markttoilette Grundstrasse

Grundstraße 10
Hamburg-Eimsbüttel
Mi. und Sa. 7–15 Uhr
Toilettenbenutzung kostenlos
Behindertentoilette

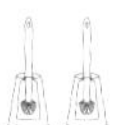

In der fensterlosen Toilettenanlage in der Grundstraße brummt der altersschwach wirkende Ventilator und gibt sein Bestes. Es müffelt hier vielleicht ein wenig, aber dafür kann der kleine Ventilator auch nichts.

Die großzügig angelegte Markttoilette ist in einem sehr guten Zustand und für eine Toilette ohne Personal recht sauber. Es gibt ausreichend Klopapier, Seife und Papierhandtücher. Das wissen nicht nur die Marktbeschicker zu schätzen, sondern auch die Marktbesucher.

Auch ohne Personal sauber:
Die Toilette in der Grundstrasse

44

Unnapark

Ein kleines, unscheinbar wirkendes WC-Lämpchen weist uns den Weg: Das Flachdachklohäuschen im Unnapark aus rotem Backstein macht auf den ersten Blick einen wenig heimeligen Eindruck. Graffiti-Sprayer haben das Häuschen von außen „verschönert" und haben ihr Werk in den Damen- und Herrentoiletten fortgesetzt. Dennoch: Die Toiletten sind in einem sauberen Zustand. Toilettenpapier ist in diebstahlsicheren Boxen vorhanden, so dass die Sonne und Ruhe suchenden Unnaparkbesucher ein angenehmes öffentliches Örtchen finden.

Osterstraße,
Höhe Nr. 139
(Adda Eiscafe)
Hamburg-Eimsbüttel
Täglich 9–21 Uhr
Toilettenbenutzung kostenlos

Kleiner Nachtrag: Nach Redaktionsschluss wurde der Else-Rauch-Platz samt öffentlicher Toilette wiedereröffnet. An der Ecke Hartwig-Hesse-Str./Methfesselstr. kann also nun auch einem dringenden Bedürfnis nachgekommen werden.

Freundliches Miteinander zwischen Sauberkeit und Graffiti

45

Markttoilette Finkenwerder

Steendieck/Ecke Schloostraße Hamburg-Finkenwerder geöffnet nur an Markttagen Di. und Sa. 7–13.30 Uhr Frauen: 50 Pfennig Männer: 50 Pfennig, Pinkeln umsonst

Der ovale Backsteinpavillon am Finkenwerder Markt beherbergte früher einmal einen Blumenladen, noch viel früher die örtliche SPD-Parteizentrale.

Heute können Frauen hier durch die zur Schloostraße gelegene Tür auf die Toilette gehen, Männer nach Eintritt durch den gegenüberliegenden Eingang Erleichterung finden. Letzteres sollte

Lissi Eggert, Hamburgs rüstigste Toilettenfrau, ist immer gut gelaunt

man sich gut merken, da ein „H“ oder Ähnliches hier schlichtweg fehlt.

Den Herren, die die richtige Tür gleich finden, bieten sich eine Pinkelrinne und zwei Toilettenkabinen, die Damen haben vier abschließbare Kämmerlein. Alles ist sauber und ordentlich.

Die freundliche „Wärterin“ heißt hier Lissi Eggert und ist mit 86 Jahren Hamburgs älteste Toilettenfrau – was man ihr nicht im Mindesten ansieht. Die jung gebliebene Rentnerin ist nach eigener Aussage noch so kerngesund wie eine Vierzigjährige. Ihre Vitalität erhält sie sich bis heute mit regelmäßigem Seilspringen. Mit Spagat musste die Tochter aus gutem Hause, die als Kind eine Ballettausbildung genossen hat, allerdings vor ein paar Jahren aufhören.

Würde es einen Preis für die bestgekleidete Toilettenfrau geben, Lissi Eggert bekäme ihn bestimmt. Pfennigabsätze trägt sie zwar nur noch zu Hause. Aber auch so kann sie sich sehen lassen und wird sogar auf der Straße oft auf ihre schicke Kleidung angesprochen.

46

Markttoilette Flottbek

Osdorfer Landstraße/Ecke Groß Flottbeker Straße
Hamburg-Flottbek
Mi. und Sa. 7–13 Uhr
Frauen: 50 Pfennig
Männer: 50 Pfennig
Behindertentoilette

Das flache, weiße Toilettenhäuschen auf dem Flottbeker Wochenmarkt hat schon einige Jahre auf dem Buckel. Anja Maahs ist heute für die Pflege dieser Toilette zuständig. Vor 40 Jahren hat ihre Urgroßmutter die Flottbeker Markttoilette gepachtet. Das Familienunternehmen hat Wurzeln geschlagen und betreut seit einigen Jahren nun auch die Toilette am Fischmarkt.

Von den Graffitis an den Hauswänden sollte man sich nicht abschrecken lassen. Zwar ist auch die Ausstattung der insgesamt drei Toiletten und drei Pissoirs nicht aus jüngster Zeit, aber alles wird in Schuss und vor allem sauber gehalten. Der nostalgisch anmutende Klopapierhalter mit seinem Holzmittelstück hält immer genügend Papier bereit. Und mit der Aktion „Rettet die Klobürsten" wird der werte Toilettengast zur Vorreinigung liebevoll ermahnt. Derlei Streitigkeiten mögen dem einen oder anderen auch von zu Hause her bekannt sein. Dabei kann eine solche Bürste so viel!

Genau gesehen stellt aber die schlechte Zahlungsmoral vor allem der Männer (!) das größere Problem dar. Es soll ganz Raffinierte geben, die das Geld ihrer Vorgänger auf den Tellerchen nochmals erklingen lassen. Andere, noch unfeinere Toilettenanekdoten ersparen wir dem Leser ...

Das Toilettenpersonal behält jedenfalls mit resoluter Freundlichkeit den Überblick.

47

Markttoilette Fuhlsbüttel

*Ratsmühlendamm/
Ecke Heschredder
Hamburg-Fuhlsbüttel
Mi. und Fr. 7–15 Uhr
Toilettenbenutzung
kostenlos*

Binden, Tampons, Feuchttücher, Creme, Haarspray und -bürste sowie ein Bonbon für den Weg – das sind die „Standards", die bei Jürgen Stallbaum zum Programm gehören. Der überaus freundliche Toilettenmann ist selbstständiger Unternehmer und betreut nicht nur die Fuhlsbütteler Marktoilette. Auch in Langenhorn sorgt er an Markttagen für gepflegtes Wasserlassen und mehr. Zudem ist er für die Sauberkeit mehrerer Kaufhaustoiletten verantwortlich.

Das Marktklo in Fuhlsbüttel hat zwar schon einige Jahre auf dem Buckel. Aber da alles sauber und gepflegt ist, Herr Stallbaum Gardinchen aufgehängt hat und den Toilettenbesuch mit Musik untermalt, fällt die recht antiquiert anmutende Ausstattung nicht weiter ins Gewicht.

Im Winter verbreitet eine Gasheizung mollige Wärme im Klohäuschen. Da kommen die Marktbeschicker, unter denen Jürgen Stallbaum viele Freunde hat,

fast öfter zum Aufwärmen als zum Pinkeln vorbei. Auch für eine Rauchpause ist vorgesorgt: Ein Aschenbecher steht in jeder Klokabine.

JÜRGEN STALLBAUM, UNTERNEHMER IN SACHEN KLO

48

Markttoilette Hamm

Gaststätte
Hammer Park
Hammer Hof 1a/Ecke
Bei der Vogelstange
Hamburg-Hamm
Di. 9–13 Uhr,
Fr. 12.30–18 Uhr
Frauen: 50 Pfennig
Männer: 50 Pfennig,
Pinkeln umsonst

Direkt am Hammer Park ist zwei Mal pro Woche Markt. Hauptsächlich für Marktbeschicker und Markteinkäufer – aber natürlich auch für Spaziergänger – gibt es auch hier ein stilles Örtchen.

Es liegt aber sehr versteckt.

Müssen Sie aufs Klo, orientieren Sie sich an der Gaststätte Hammer Park. Steht man mit dem Rücken zum Markt – mit Blick auf die Gaststätte –, muss man ein paar Meter rechts ums Haus herumgehen. Eine erste kleine Tür führt zum Damenklo, die nächste zu den Herren.

Wie fast überall sind Sie auch hier mit 50 Pfennig dabei – allerdings nur mit einer original 50-Pfennig-Münze. Denn nur diese frisst der Automat an der Toilettentür.

Zum Klo bitte hinten rum gehen!

49

Automatiktoilette Aussenmühlenteich

Ecke Außenmühlendamm/Gotthelfweg
Hamburg-Harburg
24 Stunden
täglich geöffnet
Frauen: 50 Pfennig
Männer: 50 Pfennig

Wenn Sie am Außenmühlenteich spazieren gehen, sollten Sie immer ein 50-Pfennig-Stück bzw. fünf Groschen in der Tasche haben. Denn die an der Ecke Außenmühlendamm/Gotthelfweg gelegene öffentliche Toilette ist auch eins der vollautomatischen JCDecaux-Häuschen, die erst nach passendem Geldeinwurf ihre Tür öffnen.

Von außen überzeugt diese Toilettensäule mit modern bis futuristischem graubraunen Design. Für die Gestaltung des recht beengten, klinisch reinen Innenraums ist beigebraunes Marmorimitat verwendet worden.

Bedienungsanleitung für den mehrsprachigen Spaziergänger

Hier kann man sich getrost niederlassen!

Sandkeller

Muss man in der Harburger City mal aufs Klo, empfehlen wir: Ab in den Sandkeller! Die am Rande des Harburger Blumenmarktes am Sand gelegene Toiletteneinrichtung hat der Volksmund so getauft. Denn man muss erst einige Stufen bis unter die Erde hinabsteigen, um seine Notdurft hier verrichten zu können.

Ecke Sand/Schloßmühlendamm
Hamburg-Harburg
Mo.–Sa. 8–17.15 Uhr
Frauen: 50 Pfennig
Männer: 50 Pfennig, Pinkeln umsonst

Seit 17 Jahren ist dieses Vorzeige-WC fest in der Hand von Irmtraud Düring. Die 1998 renovierten Räume sind in freundlichem Weiß gekachelt, die schönen alten Holztüren sind ebenfalls weiß gestrichen. Alles ist blitzsauber und riecht sehr frisch dank Duftgel „Meeresduft". Zudem hat die resolute Toilettenfrau ihr Damenklo liebevoll dekoriert. Auf dem Fußboden sorgt eine Badematte für kuscheliges Ambiente. Auch auf Wandschmuck

Im Gespräch über Harburgs klonarische Seite: Anke mit Irmtraud Düring

wurde nicht verzichtet: Neben selbst gemalten Bildern von Enkelin Jessica hängen Sauberkeitsgedichte von Nichte Petra, die ebenfalls als Klofrau arbeitet (siehe WC S-Bahnhof Harburg).

Imtraud Düring hat viele ältere Stammkunden, mit denen sie immer wieder gern ein Schwätzchen hält. Allerdings bereitet ihr die Kundschaft nicht immer nur Freude. Damit die Damen nicht zu viel Dreck in die Toilette tragen, musste Irmtraud Düring vor und hinter der Eingangstür jeweils eine Fußmatte platzieren. Ein Schild an der Tür mahnt: „Bitte Füße abtreten!“

Da die Herren sowieso mehr Dreck machen, hat sie sich hier die Mühe gespart und sowieso auf jegliche Dekoration verzichtet. Ist’s zu schmutzig, spritzt sie einfach alles mit dem Schlauch ab. Aber auch neben der Verschmutzung gibt’s mit den Männern immer mal wieder Ärger. Zum Beispiel verbrauchen sie beim Händewaschen oftmals zu viel Wasser. Dann muss Irmtraud Düring erst mal ordentlich Bescheid sagen!

Die Arbeit auf dem Klo scheint bei Dürings übrigens in der Familie zu liegen. Nicht nur die Nichte, auch die Schwägerin ist Toilettenfrau – und Schwiegermutter und Tochter waren’s früher ebenfalls! Dieser ungewöhnliche „Familienbetrieb“ brachte Irmtraud Düring sogar schon drei Tage in Mainz ein: bei Ramona Leiß im „ZDF Fernsehgarten“.

51

S-Bahnhof Harburg

Mit selbst verfassten „Kloprüchen“ hält Klofrau Petra Ritzka die Toilettenbenutzer am Harburger Bahnhof zur Sauberkeit an. Das scheint zu funktionieren, ist doch selbst die Pinkelrinne im Männerklo hier richtig sauber.

Zwar mutet diese etwas versteckt gelegene, in Weiß und Hellgelb gehaltene Toilettenanlage zunächst leicht antik an. Auf den zweiten Blick aber ist der Anstrich noch recht frisch. Und sowieso überlässt Frau Ritzka das Putzen natürlich nicht den Gästen, sondern sorgt selbst für Sauberkeit.

Und auf zwei Kochplatten kann sie sich in der Putzpause immer mal wieder was Leckeres kochen – wenn sie nicht gerade wieder dichtet.

Ausgang Hannoversche Straße Süd
Hamburg-Harburg
Mo.–Fr. 7–20 Uhr
Sa. 8–16 Uhr
Frauen: 50 Pfennig
Männer: Kabine 50 Pfennig, Pinkeln umsonst
Händewaschen ohne Toilettenbenutzung: 50 Pfennig

Verlasse auch du
diesen Ort und Platz –
so sauber wie die Katz –
Der Nächste wird dir
dankbar sein – und
genauso SAUBER
sein!
Die Wärterin

Automatiktoilette S-Bahnhof Heimfeld

Ecke Petersweg/
Alter Postweg
Hamburg-Heimfeld
24 Stunden
täglich geöffnet
Frauen: 50 Pfennig
Männer: 50 Pfennig

Besucher der Friedrich-Ebert-Halle oder der St.-Paulus-Kirche – ebenso wie alle anderen Menschen, die sich in der Nähe des S-Bahnhofs Heimfeld aufhalten – können auch hier à la JCDecaux aufs Klo.

Von außen ist diese Automatiktoilette am grünen Jugenstil-Litfaßsäulendesign zu erkennen. Der Innenraum ist wie immer dezent beigebraun gehalten.

Beim abschließenden Händewaschen kommt man sich mal wieder vor wie der Held einer neuen Sciencefictionserie. Wenn man die Hände in die als „Handwaschbecken/Händetrockner" gekennzeichnete Öffnung steckt, läuft zunächst angenehm warmes Wasser über die Hände. Während der Strahl langsam versiegt, fängt auch schon ein warmer Föhn an, die Hände trockenzupusten.

JCDecaux-Design im Schatten der St.-Paulus-Kirche

53

Automatiktoilette Grindelberg

Die behindertengerechten JCDecaux-Toiletten haben den Vorteil, dass sie sehr geräumig sind. Folglich haben Menschen mit Platzangst in dieser Vollautomatiktoilette nicht allzu viel zu befürchten. Außerdem hat der Toilettengast ausreichend Zeit zum Eintreten; eventuell kann man es sich also noch mal anders überlegen. Aber warum eigentlich? Zwar wirkt die recht kleine Toilettenschüssel etwas verloren in der räumlichen Großzügigkeit, der Wandspiegel zur Ganzkörperbetrachtung ist dafür aber umso größer.

Nach jeder Toilettensitzung, die allerdings nicht länger als 20 Minuten dauern sollte, wird das gesamte Inventar vollautomatisch gereinigt. Anfassen und Hinsetzen sind also erlaubt.

Dennoch: Nach Verlassen dieses durchdachten, vollautomatisierten Toilettenreiches genießen wir die wiedergewonnene Freiheit und sind froh, nur Zuhörer der unüberhörbaren vollautomatischen Vollreinigung zu sein.

Grindelberg 66
(beim Bezirksamt-Eimsbüttel)
Hamburg-Hoheluft
24 Stunden täglich geöffnet
Frauen: 50 Pfennig
Männer: 50 Pfennig
Behindertentoilette

Anfassen und Hinsetzen erlaubt

54

Autobahntankstelle Rastplatz Stillhorn-Ost

A1 Bremen–Lübeck
Hamburg-Kirchdorf
24 Stunden
täglich geöffnet
Toilettenbenutzung
kostenlos
Behindertentoilette

Die Toiletten dieser Autobahntankstelle sind nur durch den Tankstellen-Verkaufsraum zu betreten. Das ist nachts natürlich sicherer. Außerdem verspricht sich der Pächter

Roman Kipp – Sozialarbeiter in Wilhelmsburg – weiss, wo ordentliche Jungs hinpinkeln

dadurch wohl mehr Kundschaft. Kaufzwang besteht aber zum Glück noch nicht.

Die Kloräume sind modern, weiß und sauber und nur für Nichtraucher. Ein Kontrollplan wie im Sonnenstudio ist gut sichtbar zwischen den Eingangstüren zur Damen- und Herrentoilette platziert: Alle zwei Stunden wird nachweislich geputzt. Zur Auflockerung des ebenfalls hier aufgestellten Trinkgeldtellers hat die Betreiberfirma ein Blumengebinde spendiert.

Im Gegensatz zur sehr großzügigen Anlage auf der gegenüberliegenden Autobahnseite ist hier alles etwas enger geraten. Für die Dame gibt es drei Kabinen. Für den Herren zwei Kabinenklos und zwei Pissoirs. Hinter einem Sichtschutz verbirgt sich ein drittes, besonders tiefes Kinderpissoir – früh übt sich der Stehpinkler. Einzig der Kondomautomat im Herrenklo hat Übergröße. Zehn verschiedene Sorten sind zu haben: von „Wild love“ über „Billy Boy“ bis zum „Kondom mit Köpfchen“.

PS: Fernfahrer, die auf ihre Dusche nicht verzichten wollen, finden diese im Keller der ca. 50 Meter weiter nördlich gelegenen Rastätte. Natürlich gibt’s da auch Toiletten, aber das wenig anheimelnde 70er-Jahre Ambiente dieser unterirdischen Anlage gab den modernen Tankstellentoiletten eindeutig den Vorrang.

Autobahntankstelle Rastplatz Stillhorn-West

A1 Lübeck–Bremen
Hamburg-Kirchdorf
24 Stunden
täglich geöffnet
Toilettenbenutzung
kostenlos
Duschen

Wie zu Hause sei es hier – schwärmen begeisterte Besucher dieser Autobahntoilette. Dem werden diejenigen unter uns, deren Wohnungen keine üppigen Kunstblumenarrangements in Porzellanschwänen zieren, nur schwerlich zustimmen können. Aber z. B. zur Adventszeit ist diese Autobahntoilette wirklich hundert Mal heimeliger als so mancher Weihnachtsmarkt: Klofrau Nadja, die bei der Arbeit Hausschuhe trägt, hat die Grünpflanzen im Vorraum mit Weihnachtsbaumkugeln behängt. Neben den Trinkgeldtellern sind schmucke Weihnachtssterne platziert.

In den modern gestalteten Kloräumen herrscht eine helle freundliche Atmosphäre. Alles ist blitzsauber und weiß gefliest. Mehrmals am Tag wird durchgewischt, ein leichter Lavendelduft liegt in der Luft. Weiblichen Klobenutzern stehen sechs einwandfreie Kabinen und ein Babywickeltisch zur Verfügung. Die Herren haben neben drei klinisch reinen Klokabinen noch mal ebenso viele Pissoirs.

Und wenn über Ihrem Pinkelbecken mal eine Plastiktüte sein sollte, ist es nicht defekt, sondern wird gerade desinfiziert.

Jeder Toilettenbenutzer wird hier persönlich begrüßt. Für das mit gutem Grund gegebene Trinkgeld wird freundlichst gedankt, und zum Abschied wird natürlich eine gute Weiterfahrt gewünscht.

Nadja, die aus Russland kommt und dort studiert hat, möchte nicht fotografiert werden. Denn ihre Verwandschaft weiß nichts von ihrem Toilettenjob. – Dabei braucht sie sich für ihr Vorzeigeklo wirklich nicht zu schämen!

DIESER TELLER SOLLTE NICHT UNGEFÜLLT BLEIBEN!

56

Markttoilette Langenhorn

Kronstieg 4/Langenhorner Markt
Hamburg-Langenhorn
Di. 10–19 Uhr,
Sa. 7–15 Uhr
Toilettenbenutzung kostenlos

Marktbeschicker und -besucher gleichermaßen wissen diese saubere und gepflegte Toilettenanlage zu schätzen. Denn seit über drei Jahren ist Jürgen Stallbaum hier für die Sauberkeit verantwortlich. Und nicht nur das: Alles, was irgendwie zur Toilettenhygiene gehört, hat der freundliche Toilettenmann parat. Binden, Tampons, Feuchttücher, Creme, Haarspray und Haarbürste gehören für ihn zu den unverzichtbaren Standards einer öffentlichen Toilette. Davon kann man sich auch auf dem Fuhlsbütteler Marktklo überzeugen, das er ebenfalls betreut.

Die Benutzung der Markttoilette Langenhorn ist kostenlos. Aber natürlich freut sich Jürgen Stallbaum über jedes Trinkgeld, für das er sich dann herzlichst mit einem Bonbon für den Weg bedankt.

Irmgard Thoms betreut seit 14 Jahren – in Wechselschicht mit Renate Bol – das Neugrabener Bahnhofsklo

57

Bahnhof Neugraben

An den meisten Tagen erfreut sich das Neugrabener Bahnhofsklo eines regen Besucherstroms.

Die für Frauen immer noch obligatorische Kabinenbebutzung kostet hier wie fast überall 50 Pfennig. Dafür meldet man sich bei Irmgard Thoms bzw. Renate Bol, die dann die Tür aufschließt bzw. einen Jeton ausgibt. Nach erfolgreicher Benutzung dieser Toilette ist man dazu angehalten, die Klotür offen zu lassen. So kann das Aufsichtspersonal gleich kontrollieren, ob man das Örtchen so verlassen hat, wie man es vorfand ... und gegebenenfalls nachputzen.

Aber das Damenklo wird hier nicht nur supergut geputzt, sondern richtig liebevoll umhegt. Echte Grünpflanzen stehen auf den Fensterbänken. Zu Weihnachten und Ostern ziert zusätzlicher Festschmuck in Form von Gestecken und Servietten den orangefarbenen Toilettenraum. Und was so manche PKW-Hutablage krönt, hat hier seinen angemessenen Platz auf den Nachtspeicherheizungen gefunden: die umhäkelte Klorolle.

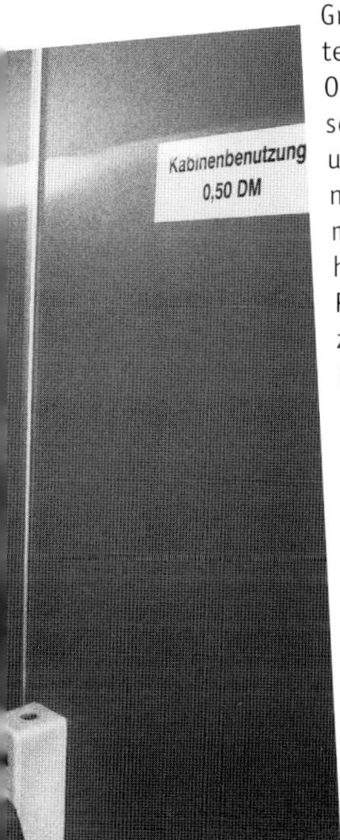

Männer haben am Neugrabener Bahnhof leider eindeutig das Nachsehen. Ihr Toilettenraum ist karg und ungeschmückt.

Trotzdem ist diese Toilettenanlage zu Recht so gut besucht. Einheimische sowie Touristen, die einen Ausflug in die Fischbeker Heide unternehmen, können hier getrost eine Pinkelpause einlegen.

Busbahnhof
Am Neugrabener Bahnhof
Mo.–Fr. 6–20 Uhr
Sa. und So 8–20 Uhr
Frauen: 50 Pfennig
Männer: Kabine 50 Pfennig, Pinkeln umsonst
Behindertentoilette

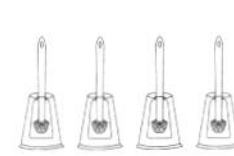

58

Markttoilette Neugraben

Am Neugrabener Markt
Hamburg-Neugraben
Di., Do.,
Sa. 6–14 Uhr
sowie zum Flohmarkt im Juni und zum Frühlings- und Herbstdom im März bzw. September
Frauen: 50 Pfennig
Männer: 50 Pfennig, Pinkelrinne kostenlos

Seit 13 Jahren arbeitet Gisela Schmidt in der Neugrabener Markttoilette. Und mittlerweile hat sie sich hier richtig wohnlich eingerichtet. Die Eingangstüren zum Damen- und Herrenklo sind mit Gardinen verkleidet. Dahinter warten ordentlich geputzte Kloschüsseln auf den Toilettenbenutzer. Sowohl der Bereich für Männer – hier mit Pinkelrinne – wie auch der für Frauen ist verziert mit Seidenblumengestecken und lebenden Grünpflanzen.

Ihren Aufenthaltsraum lässt Gisela Schmidt zum Damenklo hin geöffnet. Als wir eintreten, riecht es appetitanregend nach Kartoffelmus mit Paprikaschoten, das sie gerade auf ihren beiden Kochplatten warm macht. Chihuahuahündchen Bobby liegt friedlich in seinem Körbchen unterm Tisch. Und manchmal kommt Tochter Britta nach der Schule zum Fernsehgucken vorbei. Dafür hat Gisela Schmidts Mann vor ein paar Jahren extra die Satellitenschüssel auf dem Dach installiert.

Gisela Schmidt vor ihrem Reich

Da Gisela Schmidt eine überaus freundliche, nette Frau ist, zählt sie noch auf die Ehrlichkeit ihrer Kundinnen und Kunden. Sie gibt keine Münzen für die Kabinenbenutzung aus, sondern vertraut darauf, dass das Geld anschließend auf ihrem Teller landet.

59

S-Bahnhof Neuwiedenthal

Hamburg-Neuwiedenthal
Mo.–Sa. 8–18 Uhr
Frauen: 50 Pfennig
Männer: Kabine 50 Pfennig, Pinkeln umsonst
Behindertentoilette

Ausflügler in die Harburger Berge sollten nicht die dortigen Bäume missbrauchen, sondern guten Gewissens noch mal kurz am Bahnhof müssen. Denn nach eigenem Bekunden hat Charlotte Jünger das sauberste Klo Hamburgs – eines der saubersten auf jeden Fall!

Seit 1985 versieht die energische Dreiundsechzigjährige täglich außer sonntags ihren Dienst auf dem Neuwiedenthaler Bahnhofsklo. Manchmal ist es nicht ganz ungefährlich hier, wovon auch ihr – natürlich frisch geputztes – vergittertes Fenster zeugt.

In den Toilettenräumen wird das recht poppige orangegrüne Türdesign durch weiße Kacheln abgemildert. Überhaupt ist die gesamte Toilettenanlage im Sommer 1999 frisch gestrichen und renoviert worden; es gab neue WC-Becken und schicke Brillen.

Während es im Frauenklo ab und an leider mal etwas müffeln kann – was wahrlich nicht an mangelnder Sauberkeit, sondern am Siel und der Windrichtung liegt –, riecht es im supersauberen Männerklo sehr frisch.

Sauberkeit ist Charlotte Jüngers oberstes Gebot

60

Automatiktoilette Niendorf-Nord

Nordalbinger Weg, direkt am U-Bahn-Ausgang Hamburg-Niendorf
24 Stunden täglich geöffnet
Frauen: 50 Pfennig
Männer: 50 Pfennig

„Hat Hamburg Pfeffer im Sack?“ Die Werbung an der Litfaßsäule in Niendorf, die gleichzeitig Toilette ist, bezeugt jedenfalls, dass der Bezirk hier gut investiert hat. Die Idee, eine Toilette in eine Litfaßsäule zu integrieren, hat es schon in früheren Zeiten gegeben. Die Firma JCDecaux hat sie nicht nur in Niendorf-Nord wieder belebt.

Mit 50 Pfennig sind Sie dabei, und die Tür öffnet sich zum kleinen Hygieneparadies.

Ein kleines Hygieneparadies

Jenischpark

Nicht nur das Jenisch-Haus erstrahlt im Jahr 2000 in neuem Glanz. Auch ein kleines Rotklinkerhäuschen unweit des Prachtbaus ist renoviert worden und hat im Frühjahr seine Pforten geöffnet.

Endlich kann man im Jenischpark wieder unbeschwert Erleichterung finden! Allerdings nur, wenn man vorher im Park spazieren gegangen ist. Denn diese von der Garten- und Friedhofsabteilung des Bezirksamtes Altona verwaltete Toilette ist ausdrücklich nur für Parkbenutzer gedacht.

Im Innern den Häuschens ist alles ein bisschen aufgepeppt worden. Zwar ist die Kachelung im alten Stil beibehalten worden. Aber für den Herren gibt es jetzt sogar eine Edelstahl-Pinkelrinne.

Eine Klofrau sieht hier nicht nach dem Rechten. Aber im Allgemeinen ist alles so sauber, dass ein Besuch des Klohäuschens alle Mal dem Gebüsch vorzuziehen ist.

In der Nähe des Jenisch-Hauses
Parkeingang Höhe Baron-Voght-Straße 68
Hamburg-Othmarschen
Sommerhalbjahr 9–18 Uhr
Toilettenbenutzung kostenlos
Behindertentoilette

62

Automatiktoilette Rahlstedt

S-Bahn Rahlstedt
Rahlstedter Bahnhofstraße/Ecke
Schweriner Straße
Hamburg-Rahlstedt
24 Stunden
täglich geöffnet
Frauen: 50 Pfennig
Männer: 50 Pfennig

Auch in Rahlstedt kann man seit einiger Zeit vollautomatische Toilettenfreuden genießen. Am Ende der Fußgängerzone steht – dezent ein wenig abseits – eine grüne Litfaßsäule, die in Ihrem Innern ein selbstreinigendes Klosett birgt.

Mittwochs und samstags von 8 bis 13 Uhr – wenn Markt ist – hat man außerdem die Möglichkeit, auf die etwas geräumigere Toilette in der in der Unterführung zwischen Fußgängerzone und Bahnhof zu gehen.

Werbung mit Innenleben auch in Rahlstedt

Automatiktoilette Turmweg

Eine öffentliche Toilette, die sich in unmittelbarer Nähe eines Wochenmarktes befindet, ist nicht zwangsläufig eine Markttoilette mit eingeschränkten Öffnungszeiten. Die behindertengerechte vollautomatische JCDecaux-Toilette im Turmweg hat immer, d. h. Tag und Nacht, geöffnet.

Turmweg/Ecke Rothenbaumchaussee
Hamburg-Rotherbaum
24 Stunden täglich geöffnet
Frauen: 50 Pfennig
Männer: 50 Pfennig
Behindertentoilette

Die Säuberung von aussen erfolgt immer noch per Hand

Mit 50 Pfennig sind wir dabei: Die im Jugendstil gehaltene Toilette öffnet ihre Tür für unser dringendes Bedürfnis. Hygiene- und Sicherheitsstandards werden wie in allen anderen Decaux-Modellen auch hier hoch gehalten. Vollautomatische Reinigung nach Verlassen der Toilette ist garantiert. Klaustrophoben Menschen sei gesagt, daß sich die Tür – vollautomatisch selbstverständlich – nach 20 Minuten einen Spalt wieder öffnet.

Länger als 20 Minuten sollte man hier sowieso nicht verweilen: Das Völkerkundemuseum ist nur wenige Schritte entfernt, und donnerstags ist Markt im Turmweg. Kennen Sie etwa Bonbon Pingel noch nicht?

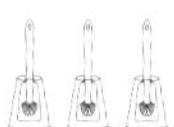

Wie schön, wenn man das Unumgängliche mit dem Schönen verbinden kann!

Wurst-Paule

Das kleine runde Toilettenhäuschen am Roman-Zeller-Platz in Schnelsen ist neueren Datums. 1996 wurde es erbaut und gerecht geteilt: Die eine Hälfte ist Wurstbude, die andere Toilette.

Der Einer-für-alle-Toilettenraum ist riesengroß. Armaturen, Toilettenschüssel, Waschbecken usw. sind hochmodern verchromt. Das Ganze erinnert ein bisschen an eine Automatiktoilette, ist nur nicht ganz so klinisch rein. Denn Wurst-Paule spritzt das Klo natürlich nicht nach jeder Benutzung ab.

Roman-Zeller-Platz
Busbahnhof
Burgwedel
Hamburg-Schnelsen
Tel. 55 00 94 00
www.wurst-paule.de
Mo.–Fr. 11–22 Uhr
So. 17–22 Uhr
Toilettenbenutzung
kostenlos
Behindertentoilette

Wurst-Paule vor einem seiner Reiche

Dafür hat er in seiner angrenzenden Wurstbude viel zu viel zu tun. Oder er ist unterwegs mit seiner mobilen Wurstversorgung – dem Long-John-Fahrradgrill.

Egal hinter welchen Grillrost Sie Wurst-Paule treffen, Sie sollten auf jeden Fall eins der wirklich leckeren Bratwürstchen essen. Und die Toilette können Sie natürlich auch bedenkenlos benutzen.

HIGHTECH-TOILETTE NACH DEM MOTTO „EINER-FÜR-ALLE“

Lukullus

Irgendwie erinnert der Lukullus-Imbiss mit seiner auffälligen Leuchtreklame an eine Jahrmarktsbude. Auf seiner Rückseite weisen zudem riesige grellbunte Manneken Pis den Weg unmissverständlich zu den Toiletten. Aber halt: Sie befinden sich immer noch auf der Reeperbahn, nicht etwa auf dem Hamburger Dom, und ein Toilettenkarussell ist hier glücklicherweise nicht anzutreffen.

Reeperbahn/Ecke Davidstraße
Hamburg-St. Pauli
Mo.–Do. 11–1 Uhr
Fr. u. Sa. 24 Stunden durchgehend
So bis 1 Uhr
Frauen: 50 Pfennig
Männer: 50 Pfennig

In Wechselschichten sorgen Frau Schwarz und ihre Kolleginnen für Sauberkeit in drei Damentoiletten, zwei Herrentoiletten und drei Pissoirs. Alles

Frau Schwarz hilft gerne weiter

ist in Nirosta-Stahl gehalten. Ein kleiner Plastikrand verhindert den Kälteschock am Po.

So funktional alles ist, so sauber ist es außerdem. Allein die Spülfunktionstaste ist ungewöhnlich: Es muß nirgends gedrückt werden, sondern eine kleine eher unscheinbare metallene Klappe gehoben werden.

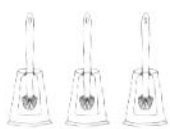

Wem einmal das passende 50-Pfennig-Stück für die Türentsicherung fehlen sollte, kann sich jederzeit an das freundliche Toilettenpersonal wenden.

66

Hellgrundweg

Hellgrundweg/Ecke Luftbadweg
Hamburg-Stellingen
Täglich geöffnet 6–20 Uhr (von November–März bis 18 Uhr)
Toilettenbenutzung kostenlos

Auf die i-Tüpfelchen kommt's an! Der Imbiss am Hellgrundweg mit Namen „Picknick“ hat zwei davon: einen Tannenbaum und einen Fußball, die beide auf die unmittelbare Nähe zum Volkspark-Stadion hinweisen.

Die ideale Lage also für Hungrige und Erleichterung Suchende. Mit vielen Sitzgelegenheiten, u. a. in einem vorne aufgestellten Zelt, lädt der Imbiss bei Leckereien wie dicker Rippe und Beilagen zum längeren Verweilen ein.

Wer nur mal schnell verschwinden muss, kann dies jedoch auch ohne Probleme: Richtung Volkspark-Stadion liegen die öffentlichen Toiletten, die in einem guten Zustand sind. An Fußballwochenenden kann dies jedoch aufgrund der starken Frequentierung nicht immer gewährleistet werden. Da kommt man auch nicht immer nach, die abschließbaren Toilettenpapierhalterungen nachzufüllen. Wenn dafür aber immer genügend davon auf dem Sims vorhanden ist, ist das ja auch in Ordnung.

Die unter der Woche stark frequentierte Herrentoilette mit einem Pissoir und einer Kabine genügt auch an fußballfreien Tagen nicht immer höchsten Sauberkeitsansprüchen.

Stressfreies Pinkeln ist bei den Damen leider nur in der vorderen Kabine möglich, da die hintere Kabinentür nicht abzuschließen ist.

67

Automatiktoilette Wandsbeker Chaussee

Wandsbeker Chaussee/Ecke Menckesallee
S- und U-Bahn-Ausgang Wandsbeker Chaussee
Hamburg-Wandsbek
24 Stunden täglich geöffnet
Frauen: 50 Pfennig
Männer: 50 Pfennig
Behindertentoilette

Die behindertengerechte Ausführung ist so was wie der Mercedes unter den Automatikklos. Der ovale, grüne Pavillon an der Wandsbeker Chaussee ist so geräumig, dass man noch einen ganzen Berg Ein-

Behindertengerechte Grossräumigkeit

kaufstaschen mit reinnehmen kann und trotzdem keine Platzangst bekommt.

Die Bedienung des Hightechklos wird auf Deutsch, Englisch und Französisch erklärt. Dabei mutet das hiesige Shopping-Publikum gar nicht so illuster an.

Mithilfe welcher Sprache auch immer – ist man erst mal drin im Häuschen, hat man bis zu 20 Minuten Zeit zur Verrichtung seiner Notdurft. Das beruhigende Rauschen der Klimaanlage verspricht dabei die ganze Zeit über frische Luft.

Die Austattung des silbergrauen Innenraums ist Decaux-gemäß höchst funktional. Aber da hier mehr Platz als üblich ist, ist sogar an einen Haken für den Mantel oder Ähnliches ist gedacht worden.

Aber was soll man bloß mit dem riesigen, bis zum Boden reichenden Spiegel machen? Soll man darin kontrollieren, ob der Mantel anschließend wieder richtig sitzt? Oder hat das Ganze womöglich haltungstechnische Gründe? Denn wie soll man sonst wissen, ob man mit geradem Rücken und rechtwinklig aufgestellten Beinen auf dem Klobecken sitzt.

68

Markttoilette Wandsbek

Wandsbeker Quarree
Hamburg-Wandsbek
Mo.–Sa. 6–14 Uhr
Frauen: 50 Pfennig
Männer: 50 Pfennig, Pinkeln umsonst
Seife und Papier: 20 Pfennig

In Wandsbek ist jeden Tag außer sonntags Markt. Deshalb gibt es für die Marktbeschicker einen fest installierten Imbiss: die Kaffeeklappe. Direkt daneben liegt die öffentliche Toilette. Von außen sieht sie recht heruntergekommen aus. Aber keine Angst: Drinnen ist's ganz anders.

Alles ist sauber und ordentlich dank Elfie, der Seele der Wandsbeker Markttoilette. Die Marktverkäufer sind mit ihr per Du. Und auch bei der Karstadt-Belegschaft hat es sich rumgesprochen, dass es bei Elfie sauber und ordentlich ist.

Ansonsten kommt viel Durchgangsverkehr, so dass immer richtig was los ist auf der Toilette.

Rauchpause im Winter dürfen hier übrigens nur die Männer machen. Die weiblichen Toilettenbenutzer haben so viel verkokelt, dass das Frauenklo jetzt strenger Nichtraucherbereich ist.

Reingehen lohnt sich!

S-Bahnhof Wilhelmsburg

Am S-Bahnhof Wilhelmsburg herrschen raue Sitten: Die Klofrau heißt hier Wärterin und sitzt in einem Raum mit vergittertem Fenster. Will man eine der von ihr überwachten WC-Kabinen benutzen, muss man erst an ihrer Tür klingeln. Durch einen Spion kann sie den Pinkelwilligen dann inspizieren, ehe sie die Tür öffnet und gegen 50 Pfennig eine Art Jeton zum Öffnen der Klotüren ausgibt. Für manche männlichen Klobenutzer scheint das allerdings in der Vergangenheit zu umständlich gewesen zu sein: Sie sind einfach oben über die Kabinentüren geklettert. Jetzt schützen Gitterstäbe gegen solcherlei Sparmaßnahmen und Ähnliches. Nur an die Rinne darf man immer noch umsonst. Ein kleiner Überwachungsspiegel rechts oben in der Ecke

Ausgang Neuenfelder Straße/Wilhelm-Strauß-Weg
Hamburg-Wilhelmsburg
Mo.–Fr. 8–18 Uhr
Sa. 8–16 Uhr
So. geschlossen
Frauen: 50 Pfennig
Männer: 50 Pfennig, Pinkelrinne kostenlos
Behindertentoilette

Hochsicherheitstrakt unterhalb der S-Bahn-Trasse: das Wilhelmsburger Bahnhofsklo

sorgt allerdings auch hier für ordnungsgemäßes Wasserlassen.

Die Behindertentoilette wirkt etwas improvisiert. Zudem steht eine Mülltonne direkt neben dem Klobecken. Auch sonst ist das Innendesign in Olivgrün und Beige dieser öffentlichen Bedürfnisanstalt nicht das allerneueste. Aber da alles recht sauber ist, kann man hier getrost vorbeischauen, wenn man auf dem Weg zum WEZ (= Wilhelmsburger Einkaufzentrum) mal muss.

Denn dass an einem Samstag um halb zwei die erste Kundin kommt, das hat das nette kontaktfreudige Aufsichtspersonal nun wirklich nicht verdient!

Markttoilette Goldbekufer

Mitten auf dem Goldbekplatz steht das Rotklinkerhäuschen, das Martbeschickern und -käufern gleichermaßen als Toilette dient.

Die Austattung dieser Anlage ist älteren Datums: Der Boden ist rot geklinkert, die Wände beige gefliest. Die Toilettenkabinen können mit Türen in freundlichem Grün geschlossen werden.

Personal, das kontinuierlich über Sauberkeit und Ordnung wacht, gibt es hier nicht. Menschen, die alles extrem verschmutzen, zum Glück aber auch nicht. Also kann man – wenn die Blase drückt – getrost hier einkehren.

Goldbekplatz/Ecke Goldbekufer
Hamburg-Winterhude
Di./Do./Sa.
8.30–13 Uhr
Toilettenbenutzung kostenlos

In der Not sollte man hier einkehren!

Klonarische Lesehilfen

René Faber: Anrüchig. Von Donnerbalken, Nachtvasen und Kunstfurzern. München 1992.

Jan Nuszkowski: Pissorte und Pinkelwinkel – (Kl)Eine Geschichte der öffentlichen Toiletten. Hamburg 1992.

Werner Pieper: Das Scheiß-Buch. Entstehung, Nutzung, Entsorgung menschlicher Fäkalien. Löhrbach o. J.

Daniela Reuter, Uwe Ruprecht, Micha Schulze: Pissoir. Wohin heute? Mit einer Portraitreihe von Rainer Wohlfahrt. Dortmund 1995.

Herbert Rittlinger: Reiseführer für Notfälle. Eine kleine Topographie des Bedürfniswesens sowie Lagebeschreibungen einiger stiller Orte. Geigy. 1977.

Johann Christph Sachse: Der deutsche Gil Bals oder Leben, Wanderungen und Schicksale Johann Chistoph Sachses, eines Thüringers von ihm selbst verfasst. Hrsg. von Jochen Golz. Nördlingen 1987.

Umweltbehörde der Freien und Hansestadt Hamburg: 150 Jahre Stadtentwässerung

Für Statistik-Freaks: Die Öffenlichen Toiletten im Städtevergleich

Die Umweltbehörde der Freien und Hansestadt Hamburg hat 1998 eine Umfrage zu öffentlichen Toiletten in der Bundesrepublik durchgeführt, an der sich 14 Städte beteiligt haben:

Die **Anzahl öffentlicher Toiletten** betrug in Berlin 165, **in Hamburg 150,** in München 73, in Stuttgart 60, in Frankfurt 55 und in Nürnberg 52.

In Stuttgart entfällt ein WC auf etwa 9.300 Einwohner, in Nürnberg auf 9.600 EW, **in Hamburg auf 11.300 EW,** in Frankfurt auf 12.200 EW, in München auf 16.400 EW und in Berlin auf 20.600 EW.

Aus Kostengründen wurden in **Hamburg 30,** Berlin 19, Hannover 10, Stuttgart 9, Karlsruhe 7 sowie Frankfurt 4 WC-Anlagen zu **Kiosk-Kombinationen** umgerüstet.

Ein Modernisierungstrend ist durch Bereitstellung von **Automatiktoiletten** in **Hamburg (17),** Dresden (17), Karlsruhe (15), Dortmund (14), Stuttgart (13) und Lübeck (6) erkennbar.

Die meisten **Behinderteneinrichtungen** gibt es in den Großstädten Berlin (72), München (53) und **Hamburg (46).** Diese Zahl an Behinderteneinrichtungen übersteigt die Zahl der von anderen Städten insgesamt betriebenen WC-Anlagen.
Über 50 % der gesamten Anlagen sind in Dortmund (89,89 %), München (72,60 %) und Wuppertal (50,00 %) behindertengerecht; über 40 % in Berlin (43,64 %), Dresden (40,63 %); rund ein Drittel der gesamten Anlagen sind in Frankfurt (34,54 %), Nürnberg (32,69 %), Stuttgart (31,67 %) und **Hamburg (30,40 %)** behindertengerecht.

In **Hamburg** wird **Wartungspersonal** in 29 WC-Anlagen (Anteil an den Gesamtanlagen = 19,33 %) beschäftigt. In Kiel sind es 7 (Anteil = 41,18 %), in Hannover 5 (Anteil = 12,20 %), in Frankfurt 4 (Anteil = 7,27 %), in Dresden 3 (Anteil = 15,63 %), in Wuppertal 2 (Anteil = 14,29 %) sowie in Lübeck 1 (Anteil = 3,57 %) Anlagen.

Die jährlichen **Durchschnittskosten für den Toilettenbetrieb einschließlich Personalkosten** betragen in Kiel 103,73 TDM, Frankfurt 90,49 TDM, Hannover 53,07 TDM, Wuppertal 45 TDM, Stuttgart 36,17 TDM, Dortmund 35 TDM, Nürnberg 32,15 TDM, München 31,51 TDM, **Hamburg 30,74 TDM,** Berlin evtl. 25,39 TDM, Lübeck 20,08 TDM und Karlsruhe 16,07 TDM.

Die **durchschnittlichen Betriebskosten ohne Personalkosten** betragen in Hannover 53,07 TDM, Wuppertal 37,86 TDM, Dortmund 35 TDM, München 31.51 TDM, Frankfurt 29,05 TDM, Nürnberg 24,11 TDM, Stuttgart 20,79 TDM, Kiel 19,47 TDM, Lübeck 18,83 TDM, Karlsruhe 16,07 TDM, **Hamburg 13,74 TDM** vor Berlin (10,24 TDM).

Die Bereitstellung von **Investitionsmitteln** wird der absoluten Höhe nach von Nürnberg (645 TDM), Berlin (635 TDM), München (500 TDM), **Hamburg (400 TDM),** Wuppertal (100 TDM), Karlsruhe (50 TDM), Kiel (37 TDM) vor Stuttgart (28 TDM) angeführt.
Pro Toilette werden im Mittel in Nürnberg 12,40 TDM, Wuppertal 7,14 TDM, München 6,85 TDM, **Hamburg 4,68 TDM,** Berlin 3,85 TDM, Kiel 2,18 TDM, Karlsruhe 1,79 TDM und Stuttgart 0,74 TDM zur Verfügung gestellt.

Hätten Sie's gewusst?

Quelle: Umweltbehörde Hamburg, Kurzfassung 1998

Register

Aus dem L&H Verlagsprogramm

Titel	DM	ISBN 3-928119-
Hamburg		
Hamburg Grün	34,80	39-7
Hamburgs unbekannte Kulturdenkmäler	29,80	38-9
Hamburger Museumsführer	25,–	52-4
Hamburger Museumsführer für Kinder	19,80	19-2
Hamburg musikalisch – auf Spurensuche in der Neustadt	19,80	54-0
Linie 36 – Hamburg-Tour in 45 Minuten	14,80	56-7
Jahrhundertbilanzen 2000	16,80	55-9
Die Hafenkante	68,–	15-X
Das Rathaus der Hansestadt Hamburg	78,–	25-7
Berlin/Potsdam/Brandenburg		
Berlins unbekannte Kulturdenkmäler	29,80	47-8
Berliner Museumsführer	25,–	41-9
Berliner Museumsführer für Kinder	19,80	18-4
Berliner Museen. Kurzführer	14,80	50-8
Berlin Grün	29,80	51-6
Linie 100 – Berlin-Tour in 33 Minuten	14,80	45-1
Museumsführer Potsdam	29,80	49-4
Statuen in Potsdam	19,80	07-9
Schleswig-Holstein/Mecklenburg-Vorpommern		
Schlösser und Gutsanlagen in Schleswig-Holstein	34,80	24-9
Museumsführer Schleswig-Holstein	12,80	11-7
Schlösser und Herrenhäuser in Mecklenburg-Vorpommern	24,80	21-4
Weitere Bundesländer		
Erlebnis Handwerk	34,80	40-0
Museumsführer Harz/Hannover	9,80	03-6
KulturRouten Niedersachsen		
Band 1: Hannover/Braunschweig	29,80	32-X
Band 2: Harz, Weser- und Leinebergland	26,80	33-8
Band 3: Emsland, Osnabrück, Mittelweser	24,80	34-6
Band 4: Ostfriesland, Oldenburg	24,80	35-4
Band 5: Elbe-Weserdreieck, Bremen	24,80	36-2
Band 6: Lüneburger Heide, Wendland	22,80	37-0
Das Gartenreich Dessau-Wörlitz	19,80	42-7
Gärten & Parks in Sachsen	24,80	26-5
Wedgwood	34,80	28-1
Weimarer Museumsführer	29,80	48-6
Frankfurter Museumsführer	9,80	01-X
Wirtschaft		
Horizonte. 125 Jahre Handwerkskammer Hamburg	39,80	44-3
Aphorismen für Führungskräfte	29,80	22-2
Philosophie für Führungskräfte	39,80	27-3
Alles Lüge! Ethik und Moral in der Öffentlichkeitsarbeit	39,80	43-5

L&H Verlag · Baumwall 5 · 20459 Hamburg
Tel. 040/36 97 72 45 · Fax 040/36 97 72 60 · e-mail kultur@lh-verlag.de

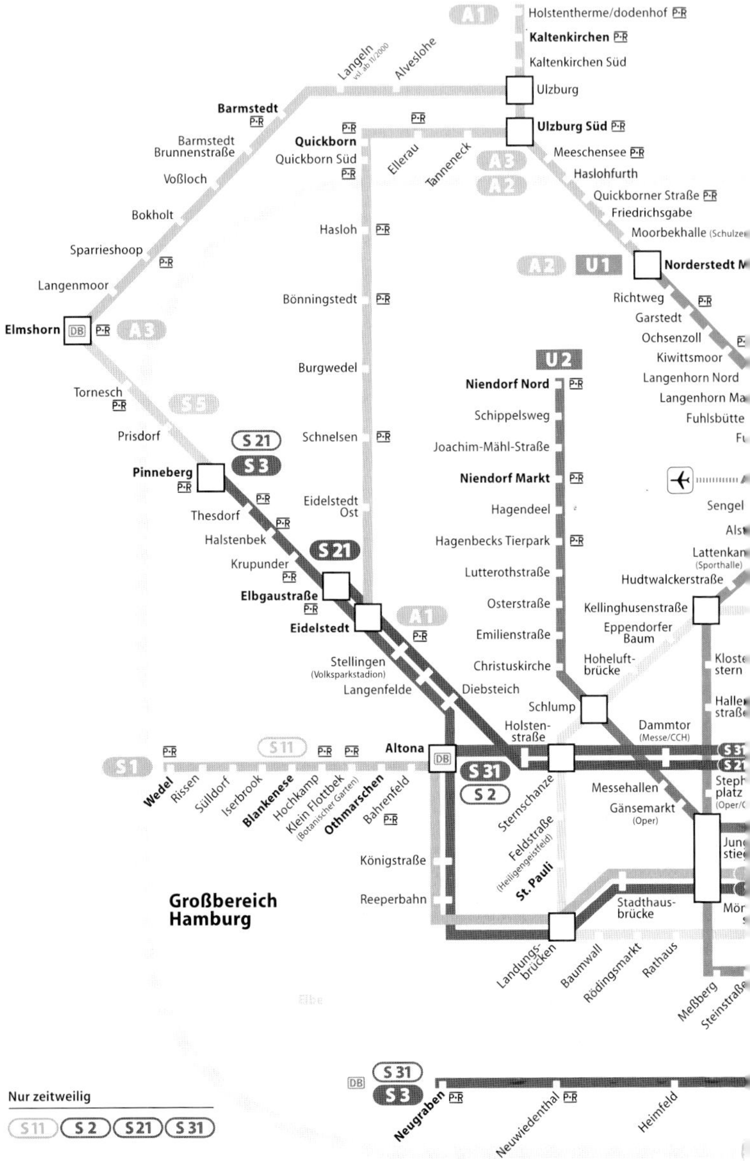
Großbereich Hamburg
A1
Holstentherme/dodenhof P·R
Kaltenkirchen P·R
Kaltenkirchen Süd
Ulzburg
Ulzburg Süd P·R
Meeschensee P·R
Haslohfurth
Quickborner Straße P·R
Friedrichsgabe
Moorbekhalle
Norderstedt
Langeln vsl. ab 11/2000
Alveslohe
Barmstedt P·R
Barmstedt Brunnenstraße
Voßloch
Bokholt
Sparrieshoop P·R
Langenmoor
Elmshorn DB P·R
A3
A2
U1
Quickborn P·R
Quickborn Süd P·R
Ellerau
Tanneneck
Hasloh P·R
Bönningstedt P·R
Burgwedel
Schnelsen P·R
Eidelstedt Ost
Richtweg P·R
Garstedt
Ochsenzoll
Kiwittsmoor
Langenhorn Nord
Fuhlsbütte
Sengel
Lattenkan (Sporthalle)
Hudtwalckerstraße
Kellinghusenstraße
Eppendorfer Baum
Hoheluft-brücke
Tornesch P·R
S5
Prisdorf
S 21
S 3
Pinneberg P·R
Thesdorf P·R
Halstenbek P·R
Krupunder P·R
Elbgaustraße P·R
Eidelstedt P·R
Stellingen (Volksparkstadion)
Langenfelde
Diebsteich
U2
Niendorf Nord P·R
Schippelsweg
Joachim-Mähl-Straße
Niendorf Markt P·R
Hagendeel
Hagenbecks Tierpark P·R
Lutterothstraße
Osterstraße
Emilienstraße
Christuskirche
Schlump
Holsten-straße
Dammtor (Messe/CCH)
Kloste stern
S1
S11
Wedel P·R
Rissen
Sülldorf
Iserbrook
Blankenese P·R
Hochkamp P·R
Klein Flottbek (Botanischer Garten)
Othmarschen
Bahrenfeld P·R
Altona DB
S 31
S 2
Sternschanze
Messehallen
Gänsemarkt (Oper)
Feldstraße (Heiligengeistfeld)
St. Pauli
Königstraße
Reeperbahn
Landungs-brücken
Baumwall
Rödingsmarkt
Rathaus
Stadthaus-brücke
Meßberg
Steinstraße
Elbe
Nur zeitweilig
S 11 S 2 S 21 S 31
DB
Neugraben P·R
Neuwiedenthal P·R
Heimfeld